古典文獻研究輯刊

二九編

潘美月・杜潔祥 主編

第 9 冊

《白虎通疏證》研究（下）

邵 紅 艷 著

國家圖書館出版品預行編目資料

《白虎通疏證》研究（下）／邵紅艷 著 — 初版 — 新北市：花
木蘭文化事業有限公司，2019〔民108〕
目 4+154 面；19×26 公分
（古典文獻研究輯刊 二九編：第 9 冊）
ISBN 978-986-485-948-1（精裝）
1. 文獻學 2. 版本學
011.08   108011999

ISBN-978-986-485-948-1

9 789864 859481

古典文獻研究輯刊
二九編　第 九 冊　　　　　ISBN：978-986-485-948-1

《白虎通疏證》研究（下）

作　者	邵紅艷
主　編	潘美月　杜潔祥
總 編 輯	杜潔祥
副總編輯	楊嘉樂
編　輯	許郁翎、王筑、張雅淋　美術編輯　陳逸婷
出　版	花木蘭文化事業有限公司
發 行 人	高小娟
聯絡地址	235 新北市中和區中安街七二號十三樓
	電話：02-2923-1455／傳眞：02-2923-1452
網　址	http://www.huamulan.tw 信箱 hml 810518@gmail.com
印　刷	普羅文化出版廣告事業
初　版	2019 年 9 月
全書字數	255453 字
定　價	二九編 29 冊（精裝）　新台幣 58,000 元

版權所有・請勿翻印

《白虎通疏證》研究（下）

邵紅艷　著

目

次

第四章 《白虎通疏證》的缺失

陳立《白虎通疏證》是迄今為止校釋《白虎通》的最好著作，在體例、校勘、訓詁等方面，陳立均取得了重要成績。但是，《白虎通疏證》這部書依然還存在一些問題，主要是陳立本人的主觀因素造成的。本章從原因與表現兩方面來探討。

第一節 原因之探討

由於陳立本人的原因，使得《白虎通疏證》存在一些文本閱讀使用上的障礙。陳立疏解《白虎通》時存在機械照抄照搬、主觀臆斷、牽強附會作解等方面的問題。

一、機械照抄照搬

誠然，陳立疏解時大約參照了《白虎通》自問世以來，陳立所能看到的所有版本，但是，陳立基本上是據盧校本《白虎通》疏解的，其原因是盧文弨對《白虎通》進行了較大篇幅的校改，經對校，陳立《白虎通》原文基本上與盧校本吻合。除了對盧校本正確的吸納，合理的取捨之外，不免也會存在機械照抄照搬的疏忽。例如：

（1）**卷四《三軍·論受兵還兵》**：王命法年卅受兵何？<u>重絕人世</u>也。師行不必反，戰不必勝，故須其有世嗣也。年六十歸兵何？不忍並鬭人父子也。《王制》曰：「六十不預服戎。」又曰：「八十一子不從政，九十家不從政，父母之喪，三年不從政，衰、齊、大功，三月不從政，廢疾非人不養者，一

人不從政。」

  疏證：且《禮》戴說，男子三十而娶，始有繼嗣之端。故未至三十不受
    兵者，所以**重絕人世**也。（第 528 頁上欄）

  按：《白虎通》文與陳立疏證，「重」下皆脫「不」字。《太平御覽・兵部・
    軍行》引《白虎通》曰：「王法年……受兵，法何？重不絕人世也。」
  〔註1〕從文義方面來分析，無論是《白虎通》下文「故須其有世嗣……
  不忍並闕人父子」還是疏證「男子三十而娶，始有繼嗣之端。故未
  至三十不受兵者」，知此軍行亦重人有子嗣。從語言形式角度來看，
  除此例，《白虎通》還有「重＋不絕＋名詞」的語言形式：如：《禮
  服傳》曰：「……所以尊祖**重不絕大宗**也。」此例與所論相得益彰，
  《白虎通》所體現的是「以人爲本」的人文關懷，人有子嗣是題中
  之義。

    再從版本上來看，國家圖書館藏元刻本《白虎通》二卷、上海
  圖書館藏元大德九年無錫州學刻本《白虎通德論》十卷（上二本中
  華再造善本影印）、明嘉靖元年至明末刻本《白虎通德論》二卷、明
  萬曆間程榮校刻本《白虎通德論》二卷、文淵閣四庫本《白虎通義》
  二卷、摛藻堂薈要本《白虎通義》二卷均有「不」字。清乾隆四十
  九年抱經堂刻本《白虎通》四卷是無此字的最早本子，浙江大學圖
  書館存二部：一本清譚獻校、孫詒讓校并跋，眉批云：「『重』下，
  元本衍『不』字。」一本孫詒讓精校本，孫云：「……元本、葛本、
  何本……『重』下有『不』字。」孫未下斷語。以此，我們可知明
  嘉靖葛璃刻本與明武林何允中本有「不」字。也就是說元、明刻本
  不誤，僅以盧校本《白虎通》爲源的本子脫文。

  陳立的照抄照搬，還存在對盧文弨校注的吸納方面，有時候，陳立未稱
引盧文弨校注，徑直抄襲，未審文義，沿襲盧文弨校注之誤。例如：

  （2）卷六《封禪・論符瑞之應》：朱草者，赤草也。可以染絳，別尊卑
也。

  疏證：《御覽》引「染絳」下，**有「則成黼黻之服，列爲尊卑之差」，多**
    九字。（第 539 頁上欄）

  按：考《太平御覽・休徵部・朱草》引《白虎通》云：「朱草，赤色也。

可以染絳，別成黼黻之服，列爲尊卑之差。」〔註2〕「染絳」下，除句末「也」字，實多九字。考盧文弨校：「《御覽》『染絳』下，有『則成黼黻之服，列爲尊卑之差』，多九字。」〔註3〕盧所云，「則」字衍。其實，盧當言「『染絳別』下有『成黼黻之服列爲』七字，『尊卑』下有『之差』二字，多九字」，是也。中華書局校點本未出校記，將此句徑改作「多十二字」〔註4〕，誤。陳立未稱引據盧校，照抄照搬，亦未校《太平御覽》原文，未審文義而沿襲盧誤。

有時候，陳立不僅僅是照抄照搬，未校原文，而是在引盧文弨校注時增添新的錯誤，倘若不仔細對校原文，恐難發現。例如：

（3）卷五《三軍·論告天告祖之義》：出所以告天何？示不敢自專也。非出辭反面之道也。與宗廟異義。

疏證：「出所以告天」下，舊有「至告祖<u>無元后</u>廟後告者示不敢留尊者之命也告天」二十二字，舛誤難讀，依盧氏刪去。（第527頁中欄）

按：考盧文弨校：「『出所以告天』下，舊本有『至告祖無二元后廟後告者示不敢留尊者之命也告天』二十二字，舛誤難讀，所謂不敢留尊者之命者，以禰先告祖後告也。然此《白虎通》未嘗明言，故《王制》正義載皇氏申之云云，故今刪去此二十二字……」〔註5〕考《白虎通》元大德本以及元刻本實有「至告祖無二元后廟後告者示不敢留尊者之命也告天」二十二字。陳立稱據盧文弨校刪去二十二字，但陳立實引僅二十一字，脫一字，脫「二元后」之「二」字，蓋「二」與下「元」字構字部件同而致脫文。陳立未審校舊本情況，引盧校時只是照抄照搬，疏忽而添誤。

二、主觀臆斷說解

有時候，陳立在疏解《白虎通》時沒有徵引文獻作爲說解根據，憑空作解，主觀臆斷，不僅造成語言理解的障礙，而且還有疏忽之處。例如：

卷二《號·論三皇五帝三王五伯》：謂之祝融何？祝者，屬也。融者，續

〔註2〕李昉等撰《太平御覽》卷八七三，頁3872上欄。
〔註3〕班固等撰《白虎通》卷三上，《叢書集成初編》第238冊，頁146。
〔註4〕陳立撰，吳則虞點校《白虎通疏證》卷六，頁287。
〔註5〕班固等撰《白虎通》卷二上，《叢書集成初編》第238冊，頁101。

也。言能屬續三皇之道而行之，故謂祝融也。

疏證：《詩‧干旄》云「素絲祝之」，鄭箋：「祝當爲屬。屬，著也。」鄭氏《瘍醫》注云：「祝當爲注。」《函人》注云：「屬讀如灌注之注。」祝、屬、注三字義通。融，爲續者，古文「續」作「賡」。**賡，从庚得聲**，故庚亦訓續。《毛詩‧大東》「西有長庚」是也。庚亦得訓明，故曰既入之明星謂長庚。以融亦訓明也。又，融亦訓長，與續義相近，故《路史》注引《鈎命決》云「祝融氏有祝續」也。

（第505頁上欄）

按：陳立言「賡，从庚得聲」，誤。

考《說文‧糸部》：「𧩙，古文續，从庚、貝。」段玉裁注：「《咎繇謨》『乃賡載歌』，《釋文》：『加孟、皆行二反。』賈氏昌朝云：『《唐韵》以爲《說文》誤。』徐鉉曰：『今俗作古行切。』按《說文》，非誤也。許謂會意字，故从庚、貝，會意。庚、貝者，貝更叠相聯屬也。《唐韵》以下皆謂形聲字，从貝，庚聲。故當『皆行』反也。不知此字果从貝，庚聲，許必入之貝部，或庚部矣。其誤起於孔傳以『續』釋『賡』，故遂不用許說。抑知以今字釋古文，古人自有此例，即如許云，鳥，鵲也。非以今字釋古文乎？《毛詩》『西有長庚』，傳曰：『庚，續也。』此正謂庚與賡同義，庚有續義，故古文『續』字，取以會意也。仍會意爲形聲，其瞽亂有如此者。」〔註6〕陳立所言「賡，从庚得聲」，則誤爲形聲字矣。許慎以會意字作解，據段玉裁所言，「賡」當爲會意字，是也。

陳立所釋義，缺少文證，依次補之，如下：

關於陳立所言「融，爲續者，古文『續』作『賡』……故庚亦訓續」，考《說文解字義證》桂馥注：「《書》『益稷乃賡載歌』，傳云：『賡，續。』《釋文》『賡』，《說文》以爲古『續』字。錢君大昭曰：『《春秋說題辭》：粟之爲言續也，古文續作賡。』《爾雅‧釋詁》：『賡，續也。』郭注：『引《書》：乃賡載歌。』孔傳亦訓賡爲續。賡，從庚，庚亦有續義。《小雅‧大東》『西有長庚』，傳云：『庚，續也。』疏云：『日入後有明星，言其長能續日之明，是也。』《說文》：『庚位西方，象秋時萬物庚庚有實也。』粟與穀皆於秋時庚庚有實，故

〔註6〕段玉裁《說文解字注》卷一三篇上，頁645下欄-646上欄。

《說文》皆以『續』釋之。馥案通作『更』,《史記‧平準書》『悉巴蜀租賦不足以更之』,韋昭曰:『更,續也。』」〔註7〕關於陳立所言「以融亦訓明也」,考《釋名‧釋丘》:「融,明也。」〔註8〕是也。關於陳立所言「融亦訓長」,考《爾雅‧釋詁》:「融,長也。」〔註9〕是也。

　　上例是表現在訓詁方面的主觀臆斷之誤,在校勘方面,在無文獻依據的情況下,陳立所校似乎也有主觀臆斷之嫌。例如:

　　卷三《社稷‧論社稷之壇》:其壇大如何?《春秋》文義曰:「天子之社稷廣五丈,諸侯半之。」

　　疏證:舊作「何如」,盧依《通考》改。「文義」,《通典》作「大義」。案《漢志》亦無《春秋大義》,未知出何書。盧疑爲亦出《尚書》逸篇。《御覽》引作「佚禮」,或可從也。《禮》疏引「稷」作「壇」。**案此「壇」字,當是脫文。**《紺珠》引《援神契》云:「天子社廣五丈,諸侯半之。」則又疑本《孝經說》也。《獨斷》云:「天子社稷壇廣五丈,諸侯半之。」則社、稷同制明矣。(第510頁下欄)

　　按:陳立云「『壇』字,當是脫文」,誤。《白虎通》文所徵引「《春秋》文義」文,盧文弨疑出《尚書》逸篇,陳立疑本《孝經說》,此句實無明文可據,那麼,「天子之社稷廣五丈」,「社稷」下之「壇」字,若從《白虎通》上文「其壇大如何」之「壇」字省亦通,陳立校似乎有些主觀臆斷。

三、抽換拼合誤植

　　陳立疏解時,其用語有時候是**轉據他人之案語**,往往將多家之言抽換個別語句,再重新拼合一起以成疏證,這種抽換,有時候又會造成字、詞的誤植。例如:

　　卷一○《紱冕‧論紱》:天子朱紱,諸侯赤紱。《詩》曰:「朱紱斯皇,室家君王。」又云:「赤紱金舄,會同有繹。」又云:「赤紱在股。」皆謂諸侯也。《書》曰:「黼黻衣黃朱紱。」亦謂諸侯也。並見衣服之制,故遠別之謂

〔註7〕桂馥《說文解字義證》卷四一,頁1129上欄。
〔註8〕劉熙《釋名》卷一,《叢書集成初編》第1151冊,頁17。
〔註9〕邢昺《爾雅注疏》卷一,阮元校刻《十三經注疏》本,頁2570中欄。

黃朱亦赤矣。

　　疏證：……案《顧命》云：「皆布乘黃朱。」蓋今文「布乘」作「黼黻」，**解之者以謂黼黻衣黃朱紱也。**布、黼聲近，**乘、市形近，**因市轉黻，即轉黻成黻。祭衣稱黻，故黼黻之衣用朱紱也。天子諸侯同用朱黻，但天子純朱，諸侯不純朱。故《斯干》箋云：「天子純朱，諸侯黃朱也。」又《采芑》傳：「朱芾，黃朱芾也。」黃朱次於朱，則稱赤。**故《斯干》、《采菽》並言「赤芾」。**《乾鑿度》云：「**困六五，**文王為紂三公，故言困於赤紱也。至於九二，周將王，故言朱紱方來，不易之法也。」是也。（第569頁上欄）

　　按：陳立疏解拼合了段玉裁《古文尚書撰異》與孫星衍《尚書今古文注疏》，造成了某些字句的誤植。

　　　　考段玉裁《古文尚書撰異・周書・顧命》「東方諸侯入應門右，皆布乘黃朱」，段注：「《詩・干旄》疏引鄭《駁異義》云：『《尚書顧命》：諸侯入應門，皆布乘黃朱。言獻四黃馬，朱鬣也。』《白虎通・紱冕》篇：『《書》曰：黼黻衣黃朱紱，亦謂諸侯也。』玉裁按此今文《尚書》也。古文《尚書》『布㡊黃朱』之異文也。《漢書》韋孟諷諫詩『黼衣朱黻』，此正用今文《尚書》，黼衣，謂盡黼於衣也。黻同市，亦作黻，蔽膝也。假借作紱、芾、韍、黻。……《白虎通》曰『天子朱紱，諸侯赤紱，詩云「朱紱斯皇，室家君王」，謂天子也。又云「赤紱金舄，會同有繹」，又云「赤紱在股」，皆謂諸侯也。《書》曰：「黼黻衣黃朱紱」，亦謂諸侯也。別於天子謂之黃朱，黃朱亦赤矣。』玉裁按今本譌舛不可讀，爲正之如此。毛傳於《采芑》曰：『朱芾，黃朱芾也。』於《斯干》曰：『芾者，天子純朱，諸侯黃朱，』說與今文《尚書》合。」〔註10〕

　　　　孫星衍《尚書今古文注疏・周書・顧命下》「皆布乘黃朱」，孫注：「『布乘』，一作『黼黻』。」孫疏：「是今文『布乘』作『黼黻』，解之者以爲衣也。布與黼聲相近，乘與芾形相近，解黃朱以紱者，《詩》傳云：『朱芾，黃朱芾也。』於《斯干》又曰：『芾者，天子純朱，諸侯黃朱。』」〔註11〕

〔註10〕段玉裁《古文尚書撰異》卷二六，《皇清經解》第4冊，頁106中欄。
〔註11〕孫星衍《尚書今古文注疏》卷二五，頁504-505。

陳立抽換了《尙書今古文注疏》孫星衍疏「今文『布乘』作『黼黻』，解之者以爲衣也」云云，以及《古文尙書撰異》段玉裁注所引《斯干》、《采芑》文拼合而成，這種抽換拼合造成了一些字、句的錯誤。

陳立言「故《斯干》、《采菽》並言『赤芾』」之「《采菽》」，段氏作「《采芑》」，是也，陳立疏解誤。又，「解之者以謂黼黻衣黃朱紼也」，於此不辭。據孫星衍疏，當爲「解之者以爲衣也」。又，「乘、市形近」，據段注所言，「黻同市，亦作韍，蔽膝也。假借作紼、芾、韠、黻」，又據孫星衍疏「布與黼聲相近，乘與芾形相近」，則「市」，當爲「芾」。又，「困六五」之「六」，《易緯乾鑿度》作「九」〔註12〕，是。

四、說解次序混亂

陳立在疏解《白虎通》時，往往不遵守疏解的先後次序，一句完整的闡釋往往被其他疏解語割裂，以致文不同處，讓人費解。有時候，這種混亂是陳立雜糅他人之語造成的。例如：

（1）卷九《五刑·論刑法科條》：劓、墨何其下刑者也。

疏證：盧云：「此下有脫文，當以剕、宮爲中刑，大辟爲上刑。」又引鄭注《大傳》云：「上刑易三，中刑易二，下刑易一，輕重之差。」又引《鉤命決》：「**國上罪是蒙赭衣雜屨，中罪赭衣雜屨，下罪雜屨。此所謂易一、易二、易三之差。**」理或然也。**此「割宮」當爲「宮割」，本宮刑也。**《列女傳·貞順》篇：「士庶人外淫者宮、割。」鄭注《文王世子》曰：「宮割、臏、墨、劓、刖，皆以刀鋸刺人體也。」又曰：「宮割，淫刑也。」又注《孝經》曰：「科條三千，謂劓、墨、宮、割、臏、大辟。男女不以禮交者，宮、割。」皆《甫刑》也。又云：「**小字本作『割宮在其中刑者也』。**」王氏引之《經義述聞》曰：「**《堯典》正義引夏侯等《書》作『臏宮劓割頭庶剠』，宮劓割當作宮割劓，**」此《甫刑》正文也。（第561頁下欄）

按：陳立引盧文弨對《白虎通》的校注，又抄襲王引之《經義述聞》所引文獻，雜糅失當，以致疏解混亂，讓人費解。

盧文弨云：「小字本作『割宮在其中刑者也』，文互有脫誤。」〔註13〕

王引之《經義述聞》云：「《呂刑》刵劓剕黥，《堯典》正義引夏侯等《書》作『臏宮劓割頭庶剠』，引之謹案『宮劓割』當作『宮割劓』。《太平御覽·刑法部·宮割》下引《尚書刑德放》曰：『宮者，女子淫亂，執置宮中，不得出。割者，丈夫淫，割其勢也。』此即訓釋《甫刑》之詞。（注：今文《尚書》，《呂刑》作《甫刑》。〔註14〕）宮、割，皆是淫刑，『割』字，即在『宮』字下，故《書緯》隨『宮』字解之，若在『劓』字之下，則與『宮』字不相連屬，不得如此訓釋矣。《白虎通義》說《五刑》曰：『割宮在其中刑者也』（注：盧氏紹弓所得小字舊本如是，俗本脫此八字。〔註15〕）『割宮』，當為『宮割』，亦本《甫刑》也。其下文曰：『宮者，女子淫，執置宮中，不得出也。丈夫淫，割去其勢也。』先言宮，而後言割，亦依《甫刑》『宮、割』之文而解之也。《列女傳·貞順篇》曰：『士庶人外淫者，宮、割。』鄭注《文王世子》曰：『宮、割、臏、墨、劓、刖，皆以刀鋸刺割人體也。』又曰：『宮、割，淫刑也。』又注《孝經》曰：『科條三千，謂劓、墨、宮、割、臏、大辟，男女不與禮交者，宮、割。』皆本《甫刑》也。」〔註16〕又，「國上罪是蒙赭衣雜屨」之「國」字，當為「注」字誤。盧文弨校注引《鈎命決》注：「上罪是蒙赭衣雜屨……」〔註17〕

按照疏解的先後順序，則此文正確的疏解語序應為：盧云：「此下有脫文，當以刵、宮為中刑，大辟為上刑。」又引鄭注《大傳》云：「上刑易三，中刑易二，下刑易一，輕重之差。」又引《鈎命決》注：「上罪是蒙赭衣雜屨，中罪赭衣雜屨，下罪雜屨。此所謂易一、易二、易三之差。」理或然也。又云：「小字本作『割宮在其中刑者也』。」此

〔註13〕盧文弨《〈白虎通〉校勘補遺》，《叢書集成初編》第239冊，頁20。
〔註14〕括號內文字為原文注釋。
〔註15〕括號內文字為原文注釋。
〔註16〕王引之《經義述聞》第四，《讀書箚記叢刊》第二集，第23冊，頁103上欄。
〔註17〕班固等撰《白虎通》卷四上，《叢書集成初編》第239冊，頁244。

「割宮」當爲「宮割」，本官刑也。王氏引之《經義述聞》曰：「《堯典》正義引夏侯等《書》作『臏宮劓割頭庶剠』，『宮劓割』當作『宮割劓』，」此《甫刑》正文也。「《列女傳・貞順》篇：『士庶人外淫者宮、割。』鄭注《文王世子》曰：『宮、割、臏、墨、劓、刖，皆以刀鋸刺人體也。』又曰：『宮、割，淫刑也。』又注《孝經》曰：『科條三千，謂劓、墨、宮、割、臏、大辟。男女不以禮交者，宮、割。』皆《甫刑》也。

有時候，陳立疏解的混亂，蓋因疏解完成後又補充某些文獻造成的。例如：

（2）**卷一一《崩薨・論天子舟車殯》：臣子更執紼，晝夜常千二百人。紼者，所以牽持棺者也。**

疏證：《禮記・雜記》「諸侯執綍五百人，四綍，大夫執引者三百人」，注：「廟中曰綍，在塗曰引。大夫士皆二綍。」《周禮・遂人》云：「大喪，帥六遂之役而致（人／之）。及葬，帥而屬六綍。」注：「綍，舉棺索也。用綍旁六。執之者，天子其千人與。」綍與紼通。《禮記・王制》「爲輴紼而行事」，注：「紼，輴車索。」蓋停位之時，指其繩體則謂之紼也。「千二百人」，舊作「百二十二人」，盧據《御覽》改。案以鄭氏《遂人》注校之，則盧是也。《莊子》「紼謳所生」，司馬彪注：「紼，引柩索也。」即此。（第 577 頁中欄）

按：陳立解釋「綍與紼通」，引《禮記・王制》鄭注與《莊子》司馬彪注爲文獻依據。但其間又校舊本「百二十二人」之訛誤，似被割裂。蓋《莊子》『紼謳所生』，司馬彪注：『紼，引柩索也。』即此。」爲陳立疏解完成後的補充文獻，此應移至「指其繩體則謂之紼也」下爲佳。最後，以盧文弨注作結。

五、疏解牽強附會

陳立訓解字、句，有時牽強附會。例如：

卷五《諫諍・論五諫》：諫者何？諫者，閒也，更也。是非相閒，革更其行也。

疏證：《論衡・譴告》篇：「諫之爲言閒也。」《聘禮記》「皮馬相閒」，注：「古文閒爲干。」干，犯也。言臣子干君之過，犯顏而諫之也。（第 531 頁下欄）

按：此「干，犯也」，當作「干，與也」。考《儀禮・聘禮》：「凡庭實，

隨入，左先，皮馬相間可也。」鄭玄注：「隨入，不並行也。間，猶
代也。上物有宜，君子不以所無爲禮，畜獸同類，可以相代，古文
間作干。」〔註18〕陳立行文時，只取「間」之古文「干」字。但陳
立言「干，犯也」，實誤。

王引之《經義述聞》云：「『若干二命，以求殺余』，韋注曰：『干，
犯也。』家大人曰：『奉二君之命，以殺文公，不得謂之犯命。干，
猶與也。言汝與於二君之命，以求殺余也。干，古通作閒。』《左傳》
莊十年：『肉食者謀之，又何閒焉？』昭二十六年『諸侯釋位以閒王
政』，杜注並云：『閒，猶與也。』閒、干，古同聲。故後世有『干
與』之語。又，下文『邢侯非其官也而干之』，注曰：『干，犯也。』
家大人曰：『干，亦與也。殺有罪者，司寇之事，邢侯非其官而與之，
故曰干。』」〔註19〕

據考，實有「干與」之語。《禮記‧大傳》：「其不可得變革者則
有矣，親親也，尊尊也，長長也，男女有別，此其不可得與民變革
者也。」孔疏：「民不與焉者，言此五事，皆王者所急，行民不得干
與焉。言民未行也，以治報親功之事，皆非民所行，故不得干與焉。」
〔註20〕

那麼，陳立所言「干，犯也。言臣子干君之過，犯顏而諫之也。」
當作「干，與也。言臣子與君之過，犯顏而諫之也。」

第二節　文本之表現

陳立疏解《白虎通》時吸收了盧文弨與莊述祖的校補成就，最後成《白
虎通疏證》十二卷，總體上基本達到了陳立「欲疏其指受，證厥源由，暢隱
抉微」的目標。但是由於陳立在實際疏解時，存在一些主觀方面的因素，使
得《白虎通疏證》這部書在文本上依然存在一些問題。

爲了說明這個問題，本文依據「體例」之條目，從書名、作者、引文以
及判斷等方面作一分析說明。

〔註18〕賈公彥《儀禮注疏》卷二四，阮元校刻《十三經注疏》本，頁1074上欄。
〔註19〕王引之《經義述聞》卷二一，《讀書箚記叢刊》第二集，第23冊，頁504下
　　　　欄。
〔註20〕孔穎達《禮記正義》卷三四，阮元校刻《十三經注疏》本，頁1506下欄。

一、書名之誤

陳立徵引文獻時未仔細校核，稱引書名與文獻內容不能一一對應，存在張冠李戴的現象。例如：

卷一《爵‧論制爵五等三等之異》：小者不滿爲附庸。附庸者，附大國以名通也。

疏證：《王制》疏引《元命苞》云：「庸者，通也。官小德微，附於大國以名通也。若畢星之有附耳然。故謂之附庸。」庸與通亦疊韻爲義也。（第 499 頁中欄）

按：遍檢《禮記‧王制》孔穎達疏引，皆無《元命苞》「庸者，通也」云云。此文乃《春秋公羊傳》徐彥疏引《春秋》說文。「附於大國以名通也」，《春秋公羊傳》徐彥疏引無句末「也」〔註 21〕。又，喬松年《緯攟》引《春秋元命包》「庸者，通也」云云，喬注：「《公羊》疏。」〔註 22〕此句實出《春秋公羊傳》徐彥疏，陳立張冠李戴，屬之《禮記‧王制》孔穎達疏引，誤。

二、作者之誤

陳立徵引文獻時，爲了明確作者，常常把作者冠以其著作之前。在人名書寫方面，陳立有疏忽之處。例如：

卷五《諫諍‧論隱惡之義》：朋友相爲隱者，人本接朋結友，爲欲立身揚名也。朋友之道有四焉，通財不在其中。近則正之，遠則稱之，樂則思之，患則死之。

疏證：《御覽》引劉<u>欣</u>《新議》：「夫交接者，人道之本始，紀綱之大要，名由之成，事由之立。」（第 532 頁下欄）

按：「欣」，當爲「欽」。《太平御覽‧人事部‧敘交友》引劉欽《新議》曰「夫交接者人道之始」云云〔註 23〕，凡三條。嚴可均輯《全上古三代秦漢三國六朝文》之《全三國文‧劉廙》云：「『廙』一作『欽』，爲太子中庶子，有《新議》十八卷。」〔註 24〕可見，「劉廙」，一名「劉欽」，實不是「劉欣」。陳立引誤矣。

〔註 21〕 徐彥《春秋公羊傳注疏》卷一，阮元校刻《十三經注疏》本，頁 2196 上欄。
〔註 22〕 喬松年《緯攟》卷五，《續修四庫全書》第 184 冊，頁 521 上欄。
〔註 23〕 李昉等撰《太平御覽》卷四〇六，頁 1878 上欄。
〔註 24〕 嚴可均輯《全三國文》卷七三，《全上古三代秦漢三國六朝文》，頁 1444 下欄。

三、引文之誤

陳立徵引文獻，意在疏解《白虎通》文。蓋未校核原文的緣故，陳立的引文存在與原文不相符的現象，表現爲文字的訛、脫、衍等方面的問題。例如：

（一）訛文

1. 生—年；時—世

卷六《致仕·總論致仕義》：臣年七十，懸車致仕者，臣以執事趨走爲職，七十陽道極，耳目不聰明，跂踦之屬，是以退老去，避賢者路，所以長廉遠恥也。懸車，示不用也。

疏證：《公羊》疏引《春秋緯》云：「日在懸輿，一日之暮。人**生**七十，亦一**時**之暮，而致其政事於君。故曰懸輿致仕。」（第534頁上欄）

按：「生」，當爲「年」。又，「時」，當爲「世」，音近而誤。考《公羊傳·桓公五年》：「天王使仍叔之子來聘，仍叔之子者何？天子之大夫也。其稱仍叔之子何？譏。何譏爾？譏父老子代從政也。」何休注：「禮，七十縣車致仕，不言氏者，起父在也。加之者，起子辟一人。」徐彥疏：「案《春秋說》文謂之縣輿者……**舊說**云：『日在縣輿，一日之暮。人年七十，亦一世之暮，而致其政事於君，故曰縣輿致仕也。』亦有作『車』字者。」〔註25〕又，「《春秋緯》」，徐彥疏作「舊說」，當從原文。

2. 蟹—蜃

卷一二《闕文·田獵》：禽者何？鳥獸之總名，明爲人所禽制也。

疏證：水畜亦謂之禽。《國語·魯語》使水虞「登川禽」，韋注：「黿**蟹**之屬。」是也。（第583頁中欄）

按：「蟹」，當爲「蜃」。考《國語·魯語上》：「宣公夏濫於泗淵，里革斷其罟而棄之，曰：『古者大寒降，土蟄發。水虞於是乎講眾罶，取名魚，登川禽，而嘗之寢廟，行諸國，助宣氣也。』」韋昭注：「水虞，漁師也。掌川澤之禁令。講，習也。眾，漁網。罶，筍也。名魚，大魚也。川禽，黿蜃之屬。諸，之也。是時陽氣起，魚陟負冰，故

〔註25〕徐彥《春秋公羊傳注疏》卷四，阮元校刻《十三經注疏》本，頁2215下欄。

令國人取之，所以助宣氣也。《月令》『季冬始漁，乃嘗魚，先薦寢廟』，唐云：『孟春，誤矣。』」〔註26〕《說文·虫部》：「蜃，大蛤，雉入水所匕，從虫辰聲。」〔註27〕「蟹」、「蜃」，形體結構相近而訛。

（二）衍文

1. **卷六《封禪·論封禪之義》**：所以必於泰山何？萬物之始，交代之處也。

疏證：《書鈔》引《通義》云：「泰山，五嶽之長，羣神之主，故獨封泰山，告**太**平於天，報**羣**神功也。」（第 537 頁下欄）

按：「太平」之「太」字，衍。又，「報羣神功」之「羣」字，衍。考《北堂書鈔·禮儀部·封禪》「告平於天」，注：「《五經通義》云：『泰山，五岳之長，羣神之主，故獨封太山，告平於天，報神之功。』」〔註28〕「告平於天」與「報神功也」，皆四字為句。「太」，蓋因「太平」為習慣用語而致衍。「羣」，蓋涉上文「羣神之主」而衍文。

2. **卷六《封禪·論符瑞之應》**：德至淵泉，則黃龍見，醴泉涌，河出龍圖，洛出龜書，江出大貝，海出明珠。

疏證：《禮》疏引《援神契》云：「德至深泉，則黃龍見，醴泉涌，河出龍圖，洛出龜書，聖人則之。」（第 538 頁下欄）

按：「聖人則之」四字衍。考《禮記·禮運》孔穎達疏引《援神契》止於「洛出龜書」〔註29〕，陳立疏解下文皆是引用文獻說明羣瑞，據上下文，此亦不當是陳立案語。此四字與「河出龍圖」、「洛出龜書」，皆四字句，「聖人則之」，為陳立誤衍字句。

（三）脫文

1. **卷八《瑞贄·論合符還圭之義》**：璧所以留者，以財幣盡，輒更造。何以言之？《禮》曰：「珪造尺八寸。」有造珪，明得造璧也。

疏證：《周禮·小行人》云：「合六幣，圭以馬，**璋璧以帛**，琮以錦。」

〔註26〕上海師範大學古籍整理組校點《國語》卷四，頁 178-179。
〔註27〕段玉裁《說文解字注》一三篇上，頁 670 下欄。
〔註28〕虞世南《北堂書鈔》卷九一，《唐代四大類書》第一冊，頁 382 下欄。
〔註29〕孔穎達《禮記正義》卷二二，阮元校刻《十三經注疏》本，頁 1427 下欄。

注云：「五等諸侯享天子用璧，享后用琮。用圭璋者，二王之後也。二王後尊，故享用珪璋而特之。」（第549頁上欄）

按：「璋」下脫「以皮」二字。考《周禮・小行人》云：「合六幣，圭以馬，璋以皮，璧以帛，琮以錦，琥以繡，璜以黼，此六物者以和諸侯之好故。」鄭玄注：「合，同也。六幣，所以享也。五等諸侯享天子用璧，享后用琮，其大各如其瑞，皆有庭實，以馬。若皮，皮，虎豹皮也。用圭璋者，二王之後也。二王後尊，故享用圭璋而特之。」〔註30〕陳立引作「璋璧以帛」，脫「以皮」二字，當爲「璋以皮，璧以帛」。皮，即鄭玄所謂「虎豹皮也」。

2. 卷九《衣裳・論帶》：男子所以有鞶帶者，示有金革之事也。

疏證：《左傳》桓二年云「鞶、厲、游、纓」，注：「**鞶，大帶**。厲，大帶之垂者。」（第561頁上欄）

按：「大帶」上，當脫「紳帶也一名」五字，「一名」屬下讀。考《左傳・桓公二年》云：「鞶厲游纓」，杜預注：「鞶，紳帶也。一名大帶。厲，大帶之垂者。」孔穎達疏：「《易》『訟卦上九，或錫之鞶帶』，知鞶，即帶也。以帶束要，垂其餘以爲飾謂之紳，上帶爲革帶，故云『鞶，紳帶』，所以別上帶也。」〔註31〕陳立引此旨在釋「鞶」，杜預的解釋很精確，陳立只取其下句，據孔穎達疏所言，「鞶，紳帶」爲正解。

（四）錯亂

卷七《攷黜・論九錫》：能使人富足衣食，倉廩實，故賜衣服，以彰其體。

疏證：《漢・食貨志》：「衣食足而知**禮節**，倉廩實而知**榮辱**。」（第541下欄）

按：「禮節」與「榮辱」，錯亂，當作「衣食足而知榮辱，倉廩實而知禮節」。《漢書・食貨志》有此二句，但非一處文，此爲陳立合引之文，其文云：「衣食足而知榮辱，廉讓生而爭訟息，故三載考績」〔註32〕，又云：「文帝即位，躬脩儉節，思安百姓。時民近戰國，皆背本趨末，

〔註30〕賈公彥《周禮注疏》卷三七，阮元校刻《十三經注疏》本，頁894上欄。
〔註31〕孔穎達《春秋左傳正義》卷五，阮元校刻《十三經注疏》本，頁1742中欄。
〔註32〕班固撰，顏師古注《漢書》卷二四上，頁1123。

賈誼說上曰：『《筦子》曰：倉廩實而知禮節……』師古注：「筦與管同，《管子》，管仲之書也。」〔註33〕

四、判斷之誤

在陳立《白虎通疏證》中，除了引文是重要內容之外，判斷亦是非常重要的。這不僅體現了陳立對《白虎通》文義的歸納總結能力，而且對文義的取捨，是非的判斷亦體現了陳立對《白虎通》指導思想的把握。從總體上而言，陳立對《白虎通》文義的判斷比較正確，有理有據，但亦有美中不足之處，主要表現在以下方面：

（一）語義指向不明

陳立的斷案，有時候語言表述不甚嚴謹，從而造成語義指向不明。對於其引文後的案語，倘若不校核原文，難以確定其所言究竟謂何。例如：

（1）**卷八《情性·論五藏六府主性情》**：故《元命苞》曰：「目者，肝之使，肝者，木之精，蒼龍之位也。鼻者，肺之使，肺者，金之精，制割立斷。耳者，心之候，心者，火之精，上爲張星。陰者，腎之寫，腎者，水之精，上爲虛危尾。口者，脾之門戶，脾者，土之精，上爲北斗。主變化者也。」

疏證：《大義》引《援神契》云：「肝仁，故目視。肺義，故鼻候。心禮，故耳司。腎信，故竅瀉。脾智，故口誨。」「**腎信**」、「**脾智**」，**當互易**。《御覽·人事部》引《援神契》文，可證也。（第553頁下欄）

按：陳立所言「『腎信』、『脾智』，當互易」，在「腎信，故竅瀉。脾智，故口誨」這個語境中，其語義指向不明確，陳立所言「當互易」，容易讓人理解爲「脾智，故竅瀉。腎信，故口誨」，其實不然。此當作「腎智，故竅瀉。脾信，故口誨。」考《太平御覽·人事部·形體》引《孝經援神契》云：「人頭圓象天，足方法地，五藏象五行，四肢法四時，九竅法九分，目法日月，肝仁，肺義，腎志，心禮，膽斷，脾信，膀胱決難，髮法星辰，節法日歲，腸法鈴。」〔註34〕

〔註33〕班固撰，顏師古注《漢書》卷二四上，頁1128。
〔註34〕李昉等撰《太平御覽》卷三六三，頁1671下欄。

在盧文弨校注的吸收方面，陳立所引亦有語義指向不明的情況，因盧校本《白虎通》正文是大字，校注以雙行小字的形式排版，盧文弨隨文即校，不會產生誤解。陳立往往是針對一段條文疏解，集中引用盧校，其所釋究竟指向《白虎通》原文的哪一句話，往往需要校核原文獻才能明瞭。例如：

卷六《封禪·論符瑞之應》：王者使賢不肖位不相踰，則平路生於庭。平路者，樹名也。官位得其人則生，失其人則死。

疏證：《宋書·符瑞志》：「平露如蓋，以察四方之政，其國不平，則隨方而傾。」路、露，通。《毛詩·皇矣》「串夷載路」，孫毓本毛傳云：「路，瘠也。」即假露為路也。《御覽》引此，即作「露」。**《類聚》作「不得其人即死矣」。**（第 539 頁上欄）

按：陳立言「《類聚》作『不得其人即死矣』」，抄襲自盧校，盧於「官位得其人則生，失其人則死」下，注：「《藝文》作『不得其人即死矣』。」〔註 35〕盧文弨所注似還明確。陳立引此，則不知其所指《白虎通》正文的哪一句話。考《藝文類聚·祥瑞部上·祥瑞》引《白虎通》作「官位得其人則生，不得其人即死矣。」〔註 36〕倘若為使文義更明確，當作：「『失其人則死』，《類聚》作『不得其人即死矣』。」

有時候，這種語義指向不明，還表現在抄錄盧文弨校注的簡稱上，因盧文弨在正文前已作交代，因而不會讓人費解，陳立引時，卻徑直抄襲，因上下文皆無交代，其所抄錄的簡稱，不知道指的是何人。

卷三《禮樂·論四夷之樂》：作之門外者何？夷在外，故就之也。夷狄無禮義，不在內。《明堂》記曰：「九夷之國，東門之外。」所以知不在門內也。《明堂》記曰：「納夷蠻之樂於太廟。」言納，明有入也。

疏證：「東門」上，舊有「在」字，**朱據《禮記》及逸《周書》刪改**。（第 513 頁下欄）

按：此條校語，與盧文弨校注合〔註 37〕。陳立徑直抄錄，但未明確盧文弨所稱「朱」指的是何人。考盧文弨《〈白虎通〉讎校所据新舊本并

〔註35〕班固等撰《白虎通》卷三上，《叢書集成初編》，頁 145-146。
〔註36〕歐陽詢撰，汪紹楹校《藝文類聚》卷九八，頁 1694。
〔註37〕班固等撰《白虎通》卷一下，《叢書集成初編》第 238 冊，頁 56。

校人姓名》：「海寧朱型家允達校。」〔註38〕此條校注，盧文弨引自朱型家。陳立引時上下文未作交代，讓人不知「朱」指代何人。

有時候，這種語義指向不明表現在所稱據的篇名方面，因陳立只言說篇名，其所屬的書名則讓人難以判斷，非要一一查檢有這個篇名的典籍才能明白其所指。例如：

卷一二《闕文·宗廟》：宗廟所以歲四祭何？春曰祠者，物微，故祠名之。夏曰禴者，麥熟進之。秋曰嘗者，新穀熟嘗之。冬曰烝者，烝之為言眾也，冬之物成者眾。

疏證：據《御覽》五百二十六補。《文選·東京賦》：「於是春秋改節，四時迭代，蒸蒸之心，感物增思。」薛注：「感物，謂感四時之物，即春韭卵，夏麥魚，秋黍豚，冬稻雁。孝子感此新物，則思祭先祖也。」<u>案此與《釋天》名同，皆論周制也。</u>……其夏、殷之制，則春禴、夏禘、秋嘗、冬烝，《王制》所說是也。《詩》疏引《禘祫志》云：「《王制》記先王之法度，宗廟之祭，春曰禴，夏曰禘，秋曰嘗，冬曰烝。祫為大祭，於夏，於秋，於冬。周公制禮，乃改夏曰禴。禘又為大祭，《祭義》注，周以禘為殷祭，更名春曰祠。」是也。（第580頁下欄）

按：「案此與《釋天》名同，皆論周制也」，此句有兩處語義不明：一是陳立此案語接續《文選》，誤導其論斷指向《文選》，其實不然，陳立所指為《白虎通》原文所指的「春祠」等名目，據文義，似當提到《文選·東京賦》上，其所指才明確；二是陳立云「與《釋天》名同」，倘若對原文獻不熟悉，其所指模糊，據考，陳立所指為《爾雅·釋天》，其文云：「春祭曰祠，夏祭曰礿，秋祭曰嘗，冬祭曰蒸。」〔註39〕

（二）斷案與引文相悖

陳立行文時，引文下往往有判斷，然後再引用文獻證明之，這個再次證明的引文與案語在字面上是相悖的，其實，補以適當的文字說明，則可消除。例如：

〔註38〕盧文弨《〈白虎通〉讎校所据新舊本并校人姓名》，附於盧校本《白虎通》，《叢書集成初編》第238冊，頁2。
〔註39〕邢昺《爾雅注疏》卷六，阮元校刻《十三經注疏》本，頁2609下欄。

卷一○《紼冕·論爵弁》：爵弁者，何謂也？其色如爵頭，周人宗廟士之冠也。

疏證：又《儀禮·士冠禮》注云：「爵弁者，冕之次，其色赤而微黑，如爵頭然，或謂之緅。」<u>蓋赤多黑少</u>，故《周禮·巾車》云「雀飾」，鄭注亦謂「雀，<u>黑多赤少之色</u>」也。又《鍾氏》「五入爲緅」，注：「染纁者，三入而成，又再染以黑則爲緅。今禮俗文作爵，言如爵頭色也。」（第570頁中欄）

按：陳立由《儀禮·士冠禮》判斷爲「赤多黑少」，是也，但又引《周禮·巾車》鄭注爲據，似相悖矣。其實，鄭注疑誤，陳立未言明矣。

考《說文》「纔」字下云：「帛，雀頭色也，一曰微黑色，如紺，纔，淺也。」段玉裁注：「今經典『緅』字，許無，『纔』，即『緅』字也。《考工記》：『三入爲纁，五入爲緅，七入爲緇』，注：『染纁者，三入而成，又再染以黑，則爲緅，緅，今禮俗文作爵，言如爵頭色也。又複再染以黑，乃成緇矣。』《士冠禮》『爵弁服』，注：『爵弁者，冕之次，其色赤而微黑，如爵頭然，或謂之緅。』依鄭，則爵、緅、纔，三字一也，三字雙聲。《巾車》『雀飾』，注曰：『雀，黑多赤少之色。』玉裁按今目驗，雀頭色，赤而微黑。前一說謂黑多，後一說謂微黑，不同，鄭注《考工》、《巾車》謂黑多，注《士冠禮》謂微黑，亦不同也。其實雀頭，微黑而已。纔、淺，亦於雙聲求之，猶竊之訓淺也。」〔註40〕由此可知，段玉裁認爲「雀頭色，赤而微黑」。

又，《周禮·春官·巾車》「雀飾」，鄭玄注：「雀，黑多赤少之色韋也。」孫詒讓《周禮正義》云：「云『雀，黑多赤少之色韋也』者，雀色，即《鍾氏》之『三入爲緅』也，彼注云：『緅，今禮俗文作爵，言如爵頭色也。』《士冠禮》『爵弁』，注云：『其色赤而微黑，如爵頭然。』案爵、雀之借字，依《鍾氏》及《士冠》注義，則雀乃赤多黑少之色。『緅』，《說文·糸部》作『纔』，亦云『微黑色』，並與此注不同。而《士冠》注別云：『爵弁黑色』，則鄭說亦自相違異。」〔註41〕，「**詒讓案雀色，赤多黑少，當以《士冠》注義爲正。**

〔註40〕段玉裁《說文解字注》一三篇上，頁651下欄-652上欄。
〔註41〕孫詒讓《周禮正義》卷五二，頁2179。

－202－

《白虎通義・緋冕》篇說『爵弁』云『其色如爵頭，周之冠色，所以爵何？爲周尚赤，所以不純赤，但如爵頭。何以本制冠者，法天，天色玄者，不失其質，故周加赤』。班說雖不無牽傅，然以爵弁，赤爲周之正色，**則爵色必赤多於黑可知……竊疑此注當作『赤多黑少』……」**〔註42〕孫詒讓認爲鄭玄注當爲「赤多黑少」。

據段注與孫校所言，陳立此處當補以文字說明爲允，則可消除判斷與引文在字面上相悖的情況。陳立疏解中有校傳統文獻之失的情況，那麼，此句完全可以作校鄭玄之失以反證文義的引文。此句可以改作：「蓋赤多黑少，《周禮・巾車》云『雀飾』，鄭注謂『雀，黑多赤少之色』，非也，段玉裁《說文》注認爲『赤多黑少』，是也。」

（三）判斷的主語承引文而誤

「主語」，是從語法上劃分句子成分來說的，若是從邏輯學的角度，則當稱爲「前提」。陳立在斷案中，有「前提」言說失當例，那麼，這個判斷則是無效的，需要補充前提，斷案才可成立。此舉一例陳立涉上文引文而誤的情況。

卷八《瑞贄・論見君之贄》：卿大夫贄，古以麛鹿，今以羔雁何？以爲古者質，取其內，謂得美草鳴相呼。今文取其外，謂羔跪乳，雁有行列也。《禮・士相見經》曰：「上大夫相見以羔，左頭如麛執之。」明古以麛鹿，今以羔也。

疏證：《說文》「鹿」字下云：「鹿之性，見食急則必旅行。」故麗爲旅行之義，其字從鹿。《小雅・鹿鳴》云：「呦呦鹿鳴，食野之苹。」傳：「鹿得草，呦呦然鳴而相呼，懇誠發於中，以興嘉樂賓客，當有懇誠相招呼以成禮。」禽獸得食則爭，鹿見美草猶必旅行呼召，義莫甚也。故古卿大夫以爲贄。是以《北史・裴安祖傳》「聞講《鹿鳴》而兄弟同食」也。鄭氏《禮》注載有二說。一謂「如麛執之者，秋獻麛，有成，禮如之。」一謂「麛，古之贄也，其禮蓋謂左執前足，右執後足」。**右執後足，是今禮先師本有此說，故班氏引以爲義也。**（第549頁中欄）

按：「右執後足，是今禮先師本有此說，故班氏引以爲義也」，「右執後足」，作爲此句的言說前提，誤。班固並未引及此四字，此四字或是承上

〔註42〕孫詒讓《周禮正義》卷五二，頁2179。

引文而衍。因下文「班氏引以爲義」，則「鄭氏《禮》注」云云的任何內容都不應是此句的言說前提。據陳立疏解的上下文，先引說「鹿」，又引說「鄭氏《禮》注」之「麝」來闡釋《白虎通》原文之「古以麑鹿」，那麼，「右執後足」，疑當爲「古以麑鹿」。「右執後足，是今禮先師本有此說，故班氏引以爲義也」，當作「古以麑鹿，是今禮先師本有此說，故班氏引以爲義也」，是也。

（四）判斷語義未備

陳立承接引文的判斷，與《白虎通》文對照，似乎在語言表述上未達到疏解的目的。有一例訓釋詞語的案例，陳立的訓解似乎語義未備，容易讓人望文生義。

卷八《壽命·論三命之義》：隨命者，隨行爲命，若言怠棄三正，天用勦絕其命矣。又欲使民務仁立義，無滔天。滔天則司命舉過言，則用以弊之。

疏證：……高注《淮南》訓云：「天，性也。言欲使民務仁立義，無慢天所付之性，慢天則司命舉過言，則弊之也。」弊者，《釋言》云：「踣也。」《釋文》「弊」作「獘」。《一切經音義》（日／四）云：「弊，古文作獘、敝二形。」是弊之猶獘之也。（第 554 頁中欄）

按：考阮元《經籍籑詁》云「獘，俗作弊」〔註43〕，又引《一切經音義》四云：「獘，古文作獘，敝二形。」〔註44〕因《白虎通》原文作「弊」，陳立引《一切經音義》時將「獘」改作俗字「弊」，言「古文作獘、敝二形」。

但陳立疏解語義未備，言「弊之猶獘之」，未釋「獘」意。

考《說文·犬部》「獘，頓仆也，從犬，敝聲。《春秋傳》曰：『與犬犬獘。』」段玉裁注云：「《人部》曰：『仆者，頓也。謂前覆也。人前仆若頓首然。』故曰頓仆。僖四年《左傳》文，引此證從犬之意也。獘本因犬仆製字，假借爲凡仆之稱。俗又引申爲『利弊』字。遂改其字作弊。」《說文》又云：「斃，獘，或從死。」段注：「經書頓仆皆作此字。如《左傳》『斃於車中』，『與一人俱斃』，是也。」

〔註43〕阮元《經籍籑詁》卷六七，頁 707 上欄。
〔註44〕阮元《經籍籑詁》卷六七，頁 707 中欄。

今《左傳》『犬斃』亦作『犬獘』，蓋許時經書斃多作弊。」〔註45〕

《說文解字義證》注：「頓仆也者，《一切經音義》四引作『仆也，躓也。』《釋言》『斃，踣也。』孫炎曰：『前覆曰踣。』襄三十年《左傳》『泰侈者因而斃之』，杜注：『因其罪而斃踣之。』隱元年傳『必自斃』，閔元年傳『難不已將自斃』，二十七年傳『單斃其欻』，哀二年傳『鄭人擊簡子中肩斃於車中』，杜注竝云：『斃，踣也。』……此皆本《爾雅》者也……《檀弓》『射之斃一人』，又『吾得正而斃焉，斯已矣』，《表記》『斃而後已』，鄭注竝訓『仆也』。僖七年《左傳》：『既不能彊又不能弱，所以斃也。』僖十四年傳『失援必斃』……定八年傳『與一人俱斃』，杜注『斃，仆也』。」〔註46〕

《爾雅義疏》「弊，踣也」，郝懿行注云：「《釋名》云『仆，踣也。頓踣而前也』，《釋木・釋文》『踣，或作仆』，是仆、踣，古字通。弊者，《說文》云『頓仆也，或作斃』。《檀弓》及《表記》注並云『斃，仆也』。《左氏》定八年傳正義引《釋言》云『斃，仆也』，又引孫炎云『前覆曰仆』，《釋文》引同。是皆《爾雅》古今『踣』作『仆』之證。《釋文》『斃』字，亦作『弊』，《玉篇》『弊』，俗『斃』字。」〔註47〕

則「斃」字的俗體為「弊」，古文作「斃」，「敝」二形。訓為「仆也」或「踣也」，謂「前覆」之義。陳立云「是弊之猶斃之也」，止「斃之」為義，訓釋不到位，在字面上易望文生義。陳立的斷案語義未備，「是弊之猶斃之也」下，當補「『前覆』之意」四字為妥。

（五）判斷張冠李戴

陳立的斷案大多是附在引文之後，因其疏解同一問題的引文有時候不在一處，在引文多，推理又複雜的情況下，往往因為疏忽致使判斷錯誤，造成張冠李戴之誤。

卷九《姓名・論氏》：《刑德放》曰：「『堯知命，表稷、契，賜姓子、姬。皋陶典刑，不表姓，言天任德遠刑。」

疏證：《詩》疏引《中候・握河紀》云：「堯曰：『嗟，朕無德，欽奉丕圖，

〔註45〕段玉裁《說文解字注》一〇篇上，頁476頁上欄。
〔註46〕桂馥《說文解字義證》卷三〇，頁857上欄。
〔註47〕郝懿行《爾雅義疏》卷上二，頁479。

賜示二三子。斯封稷、契、皋陶，皆賜姓號。』」注：「封三臣賜姓號者，契爲子姓，稷爲姬姓，皋陶未聞。」則與《刑德放》文異。案鄭氏《秦詩譜》云：「**堯時有伯翳者，實皋陶之子，佐禹治水**，水土既平，舜命作虞官，掌上下草木鳥獸，賜姓曰嬴。」《列女傳》：「皋子生五歲而佐禹。」《詩》疏引曹昭注云：「皋子，皋陶之子伯益也。」然則皋陶本未賜姓，至子伯益作虞官，舜始賜之嬴姓。故《國語・鄭語》云：「嬴，伯益之後」，不云「皋陶之後」也。《史記・秦本紀》云：「顓頊之孫女脩，吞元鳥卵，生子大業，**大業生大費，大費與禹平水土**，又佐舜調鳥獸，是謂伯翳，舜賜姓嬴氏。」**是皋陶一名大費**。若大費已先賜姓，舜無容復賜益矣。故《禮》疏引《駁異義》云：「炎帝姓姜，太昊之所賜也。黃帝姓姬，炎帝之所賜也。故堯賜伯夷姓曰姜，賜禹姓曰姒，賜契姓曰子，賜稷姓曰姬，著在《書傳》。」亦不言皋陶賜姓也。《中候》蓋連及之耳。（第 556 頁下欄）

按：「是皋陶一名大費」，「皋陶」，當爲「伯翳」。據文義，陳立引「鄭氏《秦詩譜》云『堯時有伯翳者，實皋陶之子，佐禹治水……』」，言伯翳佐禹治水；陳立引「《史記・秦本紀》云『顓頊之孫女脩，吞元鳥卵，生子大業，大業生大費，大費與禹平水土……』」，言大費佐禹治水，那麼，其判斷當爲「是伯翳一名大費」。

考《史記・秦本紀》：「秦之先，帝顓頊之苗裔，孫曰女脩。女脩織，玄鳥隕卵，女脩吞之，生子大業。」司馬貞《索隱》：「女脩，顓頊之裔女，吞鳦子而生大業，其父不著。而秦、趙以母族而祖顓頊，非生人之義也。按《左傳》郯國，少昊之後，而嬴姓蓋其族也，則秦、趙宜祖少昊氏。」張守節《正義》：「《列女傳》云：『陶子生五歲而佐禹。』曹大家注云：『陶子者，皋陶之子伯益也。』按此即知大業是皋陶。」〔註48〕

又《史記・秦本紀》云：「大業取少典之子，曰女華。女華生大費，與禹平水土。」司馬貞《索隱》：「扶味反，一音祕。尋費後以爲氏，則扶味反爲得。此即秦、趙之祖，嬴姓之先，一名伯翳，《尚書》謂之『伯益』，《世本》、《漢書》謂之『伯益』是也。尋檢《史

記》上下諸文，伯翳與伯益是一人不疑。而《陳杞世家》即敘伯翳
與伯益為二，未知太史公疑而未決邪？抑亦謬誤爾？」〔註49〕

由張守節《正義》「大業是皋陶」與司馬貞《索隱》「尋費後以
為氏……此即秦、趙之祖，嬴姓之先，一名伯翳……伯翳與伯益是
一人不疑」為據，則皋陶是大業，伯翳一名大費，陳立斷誤。

五、其他

陳立疏解除了書名、作者、引文以及判斷方面存在一定的問題外，陳立
疏解《白虎通》行文中還有一些問題需要說明。

（一）疏解的次序欠佳

陳立疏解的次序，按照現在文本所呈現的面貌，是可以通讀的，但是，
倘若陳立稍微注意，或稍作修飾，其疏解或許更完美。疏解的次序包括兩方
面：一表現為陳立疏解《白虎通》文句的先後順序；另一方面表現為陳立所
引典籍的先後順序。例如：

1. 疏解語序

卷一○《嫁娶·論親迎》：天子下至士，必親迎授綏者何？以陽下陰也。
欲得其歡心，示親之心也。

疏證：……《公羊》隱二年「紀履緰來逆女」，傳：「譏始不**親迎**也。」注：
「禮所以必親迎者，示男先女也。」《禮記·郊特牲》云：「男子親
迎，男先於女也。」《荀子·大畧篇》云：「《易》之《咸》見夫婦
之道不可不正也，君臣父子之本也。咸，感也。以高下下，以男下
女，柔上而剛下，聘士之義，親迎之道，重始也。」**是陽下陰之義**
也。《易·咸卦詞》云「取女吉」，《集解》引鄭注：「其於人也，嘉
會禮通，和順於義，幹事能正，三十之男有此三德，以下二十之女，
正而相親說，娶之則吉。」**是得歡心之義也**。下「心」字，衍文。
授綏者，《儀禮·昏禮》云「壻御、婦車授綏」，注：「壻御者，親
而下之，綏所以引升車者。」《禮記·郊特牲》曰：「壻親御授綏，
親之也。親之也者，親之也。」《昏禮》注引《曲禮》：「僕人之禮，
必授人綏。」**壻如僕人，故為陽下陰也**。（第 564 頁中欄）

〔註49〕司馬遷《史記》卷五，頁 173。

按：陳立徵引文獻所釋《白虎通》文的關鍵詞爲「親迎」、「陽下陰」、「得歡心」、「授綏」，又言「陽下陰」之義，與《白虎通》文相對照，語序錯亂。若將「授綏者」至句末「故爲陽下陰也」，移到「《荀子‧大畧篇》」上，疏解的語序便是《白虎通》文之「親迎」、「授綏」、「陽下陰」以及「得歡心」之義。此條疏證的語序應調整爲：⋯⋯《公羊》隱二年「紀履緰來逆女」，傳：「譏始不親迎也。」注：「禮所以必親迎者，示男先女也。」《禮記‧郊特牲》云：「男子親迎，男先於女也。」授綏者，《儀禮‧昏禮》云「壻御、婦車授綏」，注：「壻御者，親而下之，綏所以引升車者。」《禮記‧郊特牲》曰：「壻親御授綏，親之也。親之也者，親之也。」《昏禮》注引《曲禮》：「僕人之禮，必授人綏。」壻如僕人，故爲陽下陰也。《荀子‧大畧篇》云：「《易》之《咸》見夫婦，之道不可不正也，君臣父子之本也。咸，感也。以高下下，以男下女，柔上而剛下，聘士之義，親迎之道，重始也。」是陽下陰之義也。《易‧咸卦詞》云「取女吉」，《集解》引鄭注：「其於人也，嘉會禮通，和順於義，幹事能正，三十之男有此三德，以下二十之女，正而相親說，娶之則吉。」是得歡心之義也。下「心」字，衍文。

2. 典籍順序

陳立所引典籍的順序往往沒有一定的標準，完全是爲了服務於疏解的需要，但是，若是連續列舉的典籍，其排列順序比較隨意的話，往往給人凌亂的感覺。例如：

卷一《爵‧論天子即位改元》：《尚書》曰「高宗諒闇三年」，是也。

疏證：此古文逸篇《說命》文也。《儀禮經傳通解續》引伏生《大傳‧說命》云：「《書》曰『高宗梁闇，三年不言』，何謂梁闇也？傳曰：『高宗居凶廬，三年不言，百官總己以聽於冢宰而莫之違，此之謂梁闇。』」<u>《無逸》、《坊記》、《喪服四制》、《繁露‧竹林》、《家語‧正論》、《論語‧憲問》</u>并引《書》文「高宗諒闇，三年不言」之說。或作「亮陰」，或作「諒陰」，或作「諒闇」，鄭又改作「梁闇」。（第 503 頁中欄）

按：陳立連續列舉六部典籍，「《論語‧憲問》」應上移，至少應移到「《繁露‧竹林》」上，語序更佳。

（二）同一引文重複

陳立疏解《白虎通》一條文，可以看到兩引同一徵引文獻的情況，這種重複引用不是爲了服務行文的需要，據文義判斷，蓋陳立疏忽而致。例如：

卷三《禮樂・論帝王禮樂》：舜曰《簫韶》者，舜能繼堯之道也。（第 512 頁中欄）

疏證：《禮・樂記》云：「韶，繼也。」《初學記》引宋均云：「韶，繼也。舜繼堯之後，循行其道，故曰《簫韶》。」**《漢書・禮樂志》作「招」，云「招繼堯也」。**《論語》疏引《元命苞》云：「舜之時，民樂其紹堯業。」《禮・大司樂》作「大**磬**」，注：「大**磬**，舜樂也。言其德能紹堯之道也。」**《漢志》「韶」作「招」，云「招繼堯也」。**若然，《史記・本紀》「於是禹乃興《九招》之樂」，《說苑・修文篇》亦言「禹作《九招》之樂」者，《史記》載《皋陶謨》篇，於「帝拜曰然，往欽哉」之下，云「於是天下皆宗禹之明德，度數聲樂，爲山川神主。帝薦禹於天，爲嗣十七年」。

按：考《漢書補注・禮樂志》云「招，繼堯也」，師古曰「韶之言紹，故曰繼堯也」，王先謙補注：「《樂記》：『韶，繼也。』《白虎通》：『舜曰簫韶者，舜能繼堯之道也。』《初學記》引宋均云：『舜繼堯之後，循行其道，故曰簫韶。』《論語》疏引《元命苞》云『舜之時，民樂其紹堯業，《大司樂》作『大**磬**』，注：『大**磬**，舜樂也。言其德能紹堯之道也。』韶、**磬**、招同字，並以紹繼爲義。」〔註 50〕陳立不應兩引《漢書・禮樂志》文，揣測陳立之意，若以「招」字起興下文所釋「《九招》之樂」，則第一處「《漢書・禮樂志》作『招』，云『招繼堯也』。」可刪去，此句「招」語義指向亦不明確。

（三）引文語義未備

陳立徵引文獻以證成文義，有時候，所引文獻似乎無意義，看不出陳立所要表達的思想，其實，是陳立引文時未引完整，以致語義未備。例如：

1. 卷四《封公侯・論三公九卿》：一公置三卿，故九卿也。天道莫不成於三：天有三光，日、月、星。地有三形，高、下、平。人有三等，君、父、師。故一公三卿佐之，一卿三大夫佐之，一大夫三元士佐之。

〔註 50〕王先謙《漢書補注》卷二二，頁 460 上欄。

天有三光，然後能遍照，各自有三法，物成於三，有始，有中，有終。明天道而終之也。

疏證：⋯⋯案《說文‧（玉／三）部》云：「三，天地人之道也。」**《左傳》昭三十二年云：「不及四十年。」**《周禮‧保章氏》疏引服注：「三者，天地人之數。天地人之道，皆成於三，故公卿大夫士亦自三以上也。九者，數之大終，三者，數之小終。」《易‧師》爻詞云：「王三錫命」，《集解》引荀注云：「三者，陽德成也。」《大元進》云「三歲不還」，注：「三者，終也。」故以三，明天道之終也。（第516頁下欄）

按：據上文，陳立引《潛夫論‧考績》、《繁露‧官制象天》篇、《類聚》引《書傳》、《說苑‧臣術》篇皆爲了解釋「三公九卿」，由《說文》，陳立始釋「三」之含義，陳立又接引《左傳》「不及四十年」，據文義，此句似乎既不承前又不啓後，引文語義未備，似乎未能證成文義。考《左傳‧昭公三十二年》云：「夏，吳伐越始用師於越也。史墨曰：『不及四十年，越其有吳乎。』」杜預注云：「存亡之數不過三紀，歲星三周，三十六歲，故日不及四十年，哀二十二年越滅吳，至此三十八歲。」〔註51〕陳立引文語義未備，當有杜預注文，陳立引此意欲言「三紀，歲星三周，三十六歲」。故此當補入「杜預注云：『存亡之數不過三紀，歲星三周，三十六歲，故日不及四十年，哀二十二年越滅吳，至此三十八歲。』」

2. 卷六《辟雍‧論辟雍泮宮》：不言泮雍何？嫌但半天子制度也。《詩》云：「穆穆魯侯，克明其德，既作泮宮，淮夷攸服。」

疏證：**故袁准《五經正論》，一宗鄭氏之說。**此雖不言其同異，然引《王制》之文，以證大學、小學所在，自以辟雍在西郊，與鄭氏說同焉。（第535頁中欄）

按：陳立引袁准《五經正論》，已亡佚，《隨書‧經籍志》所記載「《袁子正論》十九卷，袁准撰」〔註52〕。陳立疏解通篇無《五經正論》文，陳立引書名，而文不可曉，語義未備。

　　《通典‧禮‧吉‧大享明堂》引袁准《正論》：「明堂、宗廟、

〔註51〕 孔穎達《春秋左傳正義》卷五三，阮元校刻《十三經注疏》本，頁2127中欄。
〔註52〕 魏徵等撰《隨書》卷三四，頁998。

太學，事義固各有所爲，而代之儒者，合爲一體。取《詩》、《書》放逸之文，經典相似之語，推而致之。考之人情，失之遠矣。宗廟之中，人所致敬，幽隱清淨，鬼神所居，而使衆學處焉。饗射於中，人鬼慢黷，死生交錯，囚俘截耳，瘡痍流血，以干鬼神，非其理也。茅茨采椽，至質之物，建日月，乘玉輅，以處其中，非其類也。夫宗廟，鬼神之居，祭天而於人鬼之室，非其處也。王者五門，宗廟在一門之內，若在廟而張三侯，又辟雍在內，人物衆多，非宗廟之中所能容也。」〔註53〕

《毛詩·靈臺》孔穎達疏：「鄭以靈臺、辟廱在西郊，則與明堂、宗廟皆異處矣……此等諸儒皆以廟學、明堂、靈臺爲一，鄭必知皆異處者，袁准《正論》云：『明堂、宗廟，太學、禮之大物也。事義不同，各有所爲，而世之論者，合以爲一體。取《詩》、《書》放逸之文，經典相似之語而致之，不復考之人情，驗之道理，失之遠矣。夫宗廟之中，人所致敬，幽隱清靜，鬼神所居，而使衆學處焉。饗射其中，人鬼慢黷，死生交錯，囚俘截耳，瘡痍流血，以干犯鬼神，非其理矣。且夫茅茨采椽，至質之物，建日月，乘玉輅，以處其中，象箸玉杯，而食於土簋，非其類也……』」〔註54〕孔疏引《正論》文更多，詳可參考。

考《太平御覽·禮儀部·明堂》引《袁子正論》曰：「明堂、宗廟、太學，禮之大物也。事義不同，而論者合以爲一，失之遠矣。」〔註55〕《御覽》所引最簡潔。

《通典》、《毛詩》孔疏引《正論》文大同小異，文似繁，而《太平御覽·禮儀部·明堂》引《袁子正論》，文簡意達。陳立或因《正論》文繁雜而略去，但至少應簡略概述或引《太平御覽·禮儀部·明堂》引《袁子正論》文爲根據，以免讓人費解。

（四）未按原字疏解

陳立基本上是依據盧校本《白虎通》作疏解的，但是，也有對字的取捨，有時候，改了《白虎通》本文的字，疏解時卻未按照所改的字作解。

〔註53〕杜佑撰，王文錦、王永興、劉俊文、徐庭雲、謝方點校《通典》卷四四，頁1217。
〔註54〕孔穎達《毛詩正義》卷一六，阮元校刻《十三經注疏》本，頁524中欄。
〔註55〕李昉等撰《太平御覽》卷五三三，頁2421上欄。

卷六《封禪・論封禪之義》：皆刻石紀號者，著己之**功迹**以自効也。

疏證：「皆」字，舊無，《初學記》有，無「者」字。又，舊本「跡」下，衍「也」字，「効」作「效倣」，今俱據《初學記》改正。（第538頁上欄）

按：「功迹」，盧校本作「功跡」，與元刻本、元大德九年刻本同。盧從舊本作「跡」，盧文弨注「舊本『跡』下，衍『也』字」〔註56〕，陳立亦照抄之。「迹」、「跡」異體字，陳立抄錄《白虎通》正文時改作常用字「迹」，疏解時卻未按照所改字作解。

（五）從簡作解

陳立對《白虎通》文所論述的方面，基本上是按照條目疏解的。但是，有些文句，陳立或因在字面上容易理解，或因文義不明等原因而從簡疏解。從整體上看，似乎是陳立未找到合適的文獻為之作解。例如：

卷八《三教・論三教所法》：教所以三何？法天、地、人。內忠，外敬，文飾之，故三而備也。即法天、地、人各何施？忠法人，敬法地，文法天。人道主忠，人以至道教人，忠之至也，人以忠教，故忠為人教也。地道謙卑，天之所生，地敬養之，以敬為地教也。

疏證：盧云：「疑當有『天教』一段，文脫耳。」（第551頁中欄）

按：此條目言及地教、天教、陳立未作任何解釋。既然陳立引盧云「疑當有『天教』一段」，那麼，陳立疏解當作一斷定。若從盧校，則要為之疏解「天教」之語，而陳立卻未作解。此補文獻中關於「天教」的記載，如，《後漢書志・天文上》劉昭注引《晏子春秋》曰：「齊景公睹彗星，使伯常騫攘之。晏子曰：『不可。此天教也。日月之氣，風雨不時，彗星之出，天為民之亂見之。』」〔註57〕《古微書・論語摘輔象》：「黃帝七輔，州選舉，翼佐帝德，風后受金法，天老受天籙，五聖受道級，知命受糾俗，窺紀受變復，地典受州絡，力墨受準斥。」宋均注：「籙，天教命也。」〔註58〕盧校所言脫「天教」一段，是也。

〔註56〕班固等撰《白虎通》卷三上，《叢書集成初編》本第238冊，頁141。

〔註57〕司馬彪撰，劉昭注補《後漢書志》第一○，頁3218。

〔註58〕孫轂《古微書》卷二六，《叢書集成初編》第692冊，頁491。

第五章　《白虎通疏證》的影響

第一節　學者的評價及利用

　　陳立《白虎通疏證》這部書雖然還存在一定的問題，但是瑕不掩瑜，陳立在疏解《白虎通》時所取得的各方面的成績是主要的。《白虎通疏證》自問世以來，備受學林關注，一些學者也給予了高度評價。

　　劉文淇《句溪雜著序》：「嘉慶庚辰冬，先舅氏凌曉樓先生，自粵中返里，家居授徒。卓人年甫舞勺，受業於門，天資穎悟，已具成人之概。道光甲申，先舅氏客授他氏，卓人遂學於梅君蘊生，受詩文之法，學日進。乙酉春，先舅氏復家居，閉戶箸述，精《公羊春秋》，兼通鄭氏《禮》。卓人復從受經，飫聞緒論，斐然有著述之志。洎先舅氏臥病董子祠中，令卓人問字於余，余學殖荒落，於先舅氏無所肖似，而《公羊》、禮服之學，卓人蚤得其傳，遂乃博稽載籍，凡有關於何、鄭之學者，手自抄錄，摧闡其義，所著《白虎通疏證》十二卷，實能條舉舊聞，絕無嚮壁虛造之說。」〔註1〕

　　桂文燦《經學博采錄》：「陳卓人比部立，江南句容縣人也。道光甲午科舉人，辛丑科進士，以庶吉士改刑部主事。卓人為江南大師凌曉樓、劉孟瞻兩明經入室弟子，少聰穎，成童時已斐然有著述之志，所著《白虎通疏證》十二卷，《句溪雜著》二卷，皆能根本傳注而疏通證明之。孟瞻明經序其書，言《公羊》、禮服之學，比部早得其傳，遂乃博稽載籍，凡有關於何、鄭之學者，手自鈔錄，推闡其意，所著《白虎通疏證》十二卷，實能條舉舊聞，絕

〔註1〕劉文淇《句溪雜著序》，附陳立《句溪雜著》，《續修四庫全書》第 176 冊，頁 539 下欄。

無嚮壁虛造之說，洵不誣也。咸豐壬子，獲交比部於京師，謙遜和平而詞有體要，出所著《白虎通疏證》手稿相示，事事詳審精密而絕無馳騁之辭，蓋博極羣書而矜愼出之者也。」〔註2〕

趙爾巽《清史稿·儒林列傳》：「陳立，字卓人，句容人。道光二十一年進士，二十四年補應殿試，選翰林院庶吉士。散館，改刑部主事。升郎中，授雲南曲靖府知府。請訓時，文宗有『爲人清愼』之褒，時以道梗不克之任。少客揚州，師江都梅植之，受詩、古文辭。師江都凌曙、儀徵劉文淇，受《公羊春秋》、許氏《說文》、鄭氏《禮》、而於《公羊》致力尤深。文淇嘗謂漢儒之學，經唐人作疏，其義益晦。徐彥之疏《公羊》，空言無當，近人如曲阜孔氏、武進劉氏，謹守何氏之說，詳義例而略典禮、訓詁。立乃博稽載籍，凡唐以前《公羊》古義及國朝諸儒說《公羊》者，左右采獲，擇精語詳。草創三十年，長編甫具，南歸後，乃整齊排比，融會貫通，成《公羊義疏》七十六卷。初治《公羊》也，因及漢儒說經師法，謂莫備於《白虎通》，先爲疏證，以條舉舊聞，暢隱扶微爲主，而不事辨駁，成《白虎通疏證》十二卷。」〔註3〕

葉昌熾《緣督廬日記抄》己卯二月「初四，日前，託柳塘購《白虎通疏證》一部，句容陳立著，淮南書局刻，援据賅洽，而於古今文源流派別，言之尤能鑿鑿。」〔註4〕

曹元弼《禮經學·流別·禮經各家撰述要略》：「凌氏學術至正，故一傳爲陳氏立作《白虎通疏證》，沉實精博，蔚爲禮家巨觀。」〔註5〕

以上諸位學者對陳立其人以及所著《白虎通疏證》給予了高度評價，事實上，陳立《白虎通疏證》在考證名物、闡釋禮制、辨別今古文思想等方面均取得了重要成績，因此，這部書也就成了學者研經治學的重要文獻。

陳立在《白虎通疏證》中的一些理論學說以及訓詁、校勘等方面的成績也被學者廣爲認可與吸納。例如，王先謙《後漢書集解》、皮錫瑞《駁五經異義疏證》以及曹元弼《禮經校釋》在行文中都徵引了陳立《白虎通疏證》中的有關學說作爲立論根據。再如，孫星華《〈白虎通義〉校勘記》、劉師培《〈白虎通義〉定本》、《〈白虎通德論〉補釋》等著述對陳立疏解《白虎通》的訓詁

〔註2〕桂文燦《經學博採錄》卷六，《續修四庫全書》第179冊，頁51下欄-52上欄。
〔註3〕國史館《清史稿校注》卷四八九，頁11118-11119。今按：「暢隱扶微」之「扶」，或「抉」字之誤。陳立《白虎通疏證》自序「暢隱抉微」。
〔註4〕葉昌熾《緣督廬日記抄》卷二，《續修四庫全書》第576冊，頁349下欄。
〔註5〕曹元弼《禮經學》第七，頁407。

與校勘等成績皆廣泛吸收。可見，陳立《白虎通疏證》不僅是校釋《白虎通》的集大成之作，而且陳立獨到的創見也爲學林作出了一定貢獻。

第二節　今古文傾向之論說

陳立疏解時比較鮮明地辨明了《白虎通》所主今古文說的問題，關於這方面的論說在《白虎通疏證》一書中俯拾即是。陳立言說時，或者明言，或借代表今古文的典籍暗指，這在上文《體例》一節中已指出陳立辨別今古文說時的一些特點。單就《白虎通疏證》一書所出現的「今文」、「古文」頻率，據統計，「今文」二字出現約 121 次，「古文」二字出現約 107 次。可見，《白虎通疏證》確實如葉昌熾所云「於古今文源流派別，言之尤能鑿鑿」。

陳立所辨明的今古文說，可以從兩個方面來論說：一方面，陳立明確《白虎通》文所據的今古文說；另一方面，陳立徵引典籍進行疏解時，常常提及一些學者或者典籍的今古文傾向。

一、辨明《白虎通》文的今古文傾向

陳立在行文中論說了《白虎通》文所主的今文說，這在《體例》一節中已經說明了其針對要素、出現位置以及表述用語方面的特點。本部分內容只輯錄陳立對《白虎通》文所主今古文說的說明性文字。爲清眉目，列表明之，如下：

陳立所論《白虎通》文的今古文傾向表：

編號	卷、目	陳立所論《白虎通》文的今古文傾向
1	卷 一《爵·論天子爲爵稱》	《白虎通》於《易》、《書》、《詩》、《禮》、《春秋》多用今文說，於古文說閒及之。（第 498 頁中欄）
2	卷一《爵·論制爵五等三等之異》	然則《白虎通》亦用今文《春秋》說也。（第 498 頁下欄）
3	卷一《爵·論天子即位改元》	《白虎通》多據今文《尚書》。（第 502 頁下欄）
4	卷二《五祀·論祭五祀順五行》	案《白虎通》本今文《尚書》爲說。（第 509 頁中欄）
5	卷四《封公侯·論遷國》	《白虎通》所用多《魯詩》說。（第 520 頁下欄）

6	卷七《商賈》	班氏蓋用《魯論語》。（第 547 頁下欄）
7	卷八《瑞贄·論見君之贄》	《白虎通》多用今《禮》，故依《曲禮》通之也。（第 549 頁中欄）
8	卷九《姓名·論名》	《白虎通》用今文《尚書》，故與古文不同。（第 557 頁上欄）
9	卷九《姓名·論名》	《白虎通》說《春秋》，盡本《公羊》，此必亦先以《公羊》說為主。「或曰」以下，乃《左氏》古文說也。（第 557 頁下欄）
10	卷一二《闕文·宗廟》	然則《白虎通》用《公羊春秋》及《詩韓》說也。（第 580 頁上欄）

二、辨明治學者或典籍的今古文傾向

除了辨明《白虎通》文的今古文傾向之外，陳立疏解時還常常對治學者或所引典籍的今古文傾向作一辨析，多集中在兩漢治學者及《史記》、《漢書》、《說文解字》等典籍方面，現只輯錄陳立的言論。為清眉目，列表明之，如下：

陳立所論治學者或典籍的今古文傾向表：

編號	卷、目	陳立所論治學者或典籍的今古文傾向
1	卷三《社稷·論誡社》	劉向習《穀梁》。（第 510 頁上欄）
2	卷五《三軍·論商周改正誅伐先後之義》	安國習壁中《論語》，蓋參用古文說也。（第 527 頁中欄）
3	卷六《辟雍·論靈臺明堂》	是則鄭氏用古說，班氏、蔡氏等用今說。（第 536 頁中欄）
4	卷六《巡狩·論太平乃巡守義》	《毛詩》、《左傳》皆古文家，《白虎通》多取今說，故不同也。（第 540 頁下欄）
5	卷七《考黜·總論黜陟》	《史記》多用古文說。（第 541 頁中欄）
6	卷七《王者不臣·論三不臣》	鄭氏習古文，蓋古文說也。（第 543 頁下欄）
7	卷七《王者不臣·論五不名》	《尚書》者，《堯典》文。《史記·帝紀》作「嗟伯夷」，史公用古文說。是古文有「夷」字，此蓋今文說也。（第 544 頁下欄）
8	卷七《蓍龜·論蓍龜尺寸》	《說文》多用古逸《禮》也。（第 545 頁上欄）
9	卷七《聖人·論異表》	蓋今文說如此，與《史記》用古文不同。（第 546 頁下欄）

10	卷八《瑞贄・論五瑞制度》	許氏說多本賈逵。逵作《周官解》，多用古文義也。（第 548 頁中欄）
11	卷八《三綱六紀・論六紀之義》	包氏習《張侯論》，兼采《齊》、《魯》，疑此所引，《魯論》說也。（第 552 頁中欄）
12	卷八《性情・論五藏六府主性情》	《說文》據古文《尚書》，故以今說爲別解也。（第 553 頁中欄）
13	卷九《姓名・論氏》	是則許用古文，鄭用今文也。（第 556 頁下欄）
14	卷九《姓名・論氏》	蓋《異義》從古文，《說文》則又從今文也。（第 556 頁下欄）
15	卷九《姓名・論名》	《漢書》多用今文也。（第 557 頁上欄）
16	卷九《姓名・論名》	許氏著《說文》，多取古文家說，宜其不識七十子相傳之義矣。（第 557 頁下欄）
17	卷一一《喪服・論變禮》	《史記》之書，雜用今古文，故多矛盾。（第 573 頁中欄）
18	卷一二《闕文・宗廟》	《左傳》文二年《正義》云：「案古《論語》及孔、鄭皆以爲社主，社爲木主者，古《論》不行於世，且社主，《周禮》謂之田主，無單稱主者，以張、包、周等並爲廟主，故杜所依用。」張、包、周並習《魯論》，是所用者《魯論》也。（第 583 頁上欄）
19	卷一二《闕文・車旂》	則許氏用毛氏說，故於《說文・金部》「鑾」字下云……《說文》多從古文說也。（第 583 頁上欄）
20	卷一二《闕文・車旂》	鄭氏於《玉藻》經解，《周禮・大馭》注皆用今文說。以鸞在衡。故《詩・駟鐵》箋云：「置鸞於鑣，以爲兵車，異於乘車也。」至蓼蕭之和鸞，亦乘車也，而箋又不破毛傳，鸞在鑣之說，於《商頌・烈祖》箋則又以「鸞在鑣」，是鄭於此二詩復主古文，故鄭於《異義》亦不駁也。（第 583 頁上欄）

　　時至今日，談及漢代班固《白虎通》或是清代陳立《白虎通疏證》所賦有的今文特色依然是最重要的特點，也是頗具學術影響力的一個重要方面。陳立在辨明《白虎通》及所徵引文獻的今古文傾向方面也做了有理有據且條分縷析的工作，基本上是比較中肯的。限於本人能力，此部分內容僅輯錄在此，以便學者備查材料使用。

結　語

　　班固奉命整理《白虎通議奏》，撰集《白虎通》，流傳至清代，莊述祖輯
闕文七篇，盧文弨覆校莊本并集眾家說成抱經堂本《白虎通》四卷（上、下），
又撰《〈白虎通〉校勘補遺》。陳立基本上是據抱經堂本《白虎通》作疏解，
成《白虎通疏證》十二卷。這部書是清代研究《白虎通》的集大成之作，自
問世以後，備受學者關注。陳立的某些學說理論以及校勘、訓詁等方面的成
績得到一些學者的贊同，並且爲後世典籍所吸納。

　　本文從文獻學的角度，在考證版本與異文統計數據的基礎上，首次確認《白
虎通疏證》傳世第一善本——清光緒十四年江陰南菁書院校刊《皇清經解續編》
本；確認清光緒元年淮南書局刊本非善本，並指出近年編纂出版的《續修四庫全
書》本訛誤七百餘處，中華書局整理點校本亦訛誤百出，需要重做。

　　關於論述《白虎通疏證》的體例，本文從卷目、作者、書名、引文等方
面一一予以論說，又從整體框架上來考察陳立疏解的程式，一方面明確了陳
立疏解《白虎通》的行文特點，以便更好地理解文本內容；另一方面，特別
醒目地指明了陳立疏解的著力點所在，即一是考究文獻的本來面貌，還原本
眞；二是搜求讖緯遺經，辨章學術；三是分辨今古文家法，溯其源流；四是
校勘異文諸說，釐定善本，其中，尤以辨別《白虎通》所主的今文說爲特色，
並以文本內容爲例說明了陳立疏解時設定的目標在實際操作中的實現。

　　在成績方面，本文重點關照了陳立疏解《白虎通》時所取得的校勘與訓
詁成績。在校勘成績方面，以具體案例，重點指出了陳立校勘《白虎通》原
文、校勘盧文弨注以及校勘徵引文獻方面所取得的成績。通過本部分的論說，
不僅明確了陳立疏解中的校勘所涉及的方面，而且可以利用陳立之校勘，爲

審定《白虎通》定本以及校某些傳世文獻的訛誤不足作出貢獻。在訓詁成績方面，既舉例論說了陳立在梳理今古文書方面對疏解《白虎通》時的重要作用，又舉例論說了其釋字、詞、句意，分析句讀等方面的成績。通過本部分的論說，一方面歸納了陳立疏解所要辨明的今古文書的重要作用；另一方面考察了陳立訓詁所關涉的方面，就其所釋字、詞之義，是重要的語料，具有重要的語言學價值。

關於論說《白虎通疏證》的缺失方面，《疏證》徵引文獻從書名、作者、引文到判斷各方面都存在一定的問題，尤其是判斷失誤方面。本文所舉案例皆具有代表性，舉例論說了陳立斷案語義指向不明、斷案與引文相悖、判斷語義未備、判斷張冠李戴等方面的情況。

最後，以一些學者對陳立《白虎通疏證》的評價以及利用作結，肯定了《白虎通疏證》的重要價值，並且點明了《白虎通疏證》頗具影響力的一個方面，即陳立考辨今古文傾向方面所做的努力，輯錄了一些材料，以便學者備查。通過此部分的論說，總括全文，明確了《白虎通疏證》是研究今文學的重要著作，以引起學者關注。但是，限於本人能力，不能從整個學術史上來對班固《白虎通》與陳立《白虎通疏證》所賦有的今古文學特點作一評論。

本文從文獻學角度，主要解決了《白虎通疏證》這部書在版本使用以及文本利用上的優點與不足，肯定了陳立《白虎通疏證》所取得的重要成績，同時又指明了陳立《白虎通疏證》的不足之處。這部書依然需要繼續整理完善。這是關於《白虎通疏證》的文獻學研究，亦是最基礎的研究。

綜合《白虎通疏證》的現有研究，筆者認為《白虎通疏證》的研究空間依然很大，可以從以下幾個方面繼續深入研究：

一是《白虎通》善本的釐定。繼陳立之後，劉師培是研究《白虎通》的大家，關於《白虎通》的研究著作有《白虎通義斠補》、《白虎通義闕文補訂》、《白虎通義佚文考》、《白虎通義定本》、《白虎通義源流考》、《白虎通德論補釋》。其《白虎通義定本》，在一些方面吸收了陳立《白虎通疏證》的成績，但很遺憾，劉師培僅完成了前三卷，後續部分仍然需要續寫。

二是《白虎通》禮制思想的探討。陳立《白虎通疏證》已經明確說明了某些徵引文獻所釋夏、商、周各朝代所行典禮的不同。倘若把《白虎通》所敘述禮制作一條分縷析的辨別，不僅可以窺探到漢代禮制對前代的揚弃，還可以瞭解一些典禮的發展軌跡。

　　三是讖緯思想的發展。班固《白虎通》一書雜論經傳，亦有讖緯。陳立《白虎通疏證》的著力點之一爲搜求讖緯遺經，其利用輯佚緯書爲之疏解。兩相對照，可以瞭解讖緯思想的發展。

　　目前，學界對《白虎通疏證》的研究依然不夠深入，本文也只是從文獻學角度所做的最基礎研究。希望本文的寫作，能在《白虎通疏證》的版本使用以及文本利用方面給讀者以幫助，同時也請讀者了然陳立《白虎通疏證》的成績與缺失，以便更好地開展相關研究。

下　編

凡　例

一、本文以清光緒十四年南菁書院校刊《皇清經解續編》本《白虎通疏證》（簡稱《續編》本）爲底本進行點校。

二、本文對陳立徵引文獻方面的疏忽以出異文爲主。

三、本文所涉避諱字，如，「玄」作「元」等，改從原字，不出校。

四、爲凸顯中華書局整理點校本《白虎通疏證》的缺失，出校時，中華本置後單獨說明。如，「中華本已正」，表示中華本已改且正確，鑒於語言差別不大，本文不改從原徵引文獻。「中華本已正，今從之」，表示中華本已改且正確，本文亦同中華本改從原徵引文獻。「中華本已正，未出校」，表示中華本擅改底本而未出校。

五、本文所施標點與中華本不盡相同，中華本斷句標點方面的疏漏，影響文義理解的，本文對此的校改，用下劃線標出。

六、凡以「今按」開首之校記，若不特殊說明，所關涉正文，諸校本皆相同。

七、本文所參《白虎通》和《白虎通疏證》的校本與校勘記及其簡稱主要有：

  1. 《中華再造善本》影印元大德九年無錫州學刻本《白虎通德論》——元大德本

  2. 《中華再造善本》影印元刻本《白虎通》——元刻本

  3. 《叢書集成初編》影印《抱經堂叢書》本《白虎通》——盧校本

  4. 中國國家圖書館藏稿本《白虎通疏證》——稿本

  5. 北京大學圖書館藏清抄本《白虎通疏證》——清抄本

6. 清光緒元年淮南書局刻本《白虎通疏證》——淮南本

7. 中華書局 1994 年版《新編諸子集成》本《白虎通疏證》——中華本

8. 盧文弨校注《白虎通》——盧校

9. 孫詒讓校注抱經堂本《白虎通》（浙江大學圖書館藏兩本，一爲精校本，其校語後綴（甲本），另外一個用（乙本），以示區別。）——孫云

10. 孫星華《白虎通義校勘記》（宋聯奎輯《關中叢書》本）——孫校

11. 劉師培校注《白虎通義》——劉校

自 序

　　緬惟端門化帛，嬴秦肆破術之謠；祕室談經，漢氏開獻書之路，時則意存罔括，志切搜羅，下幣詔於平津，坐安輪於申傳，是以河間眞本，競出民間，東魯佚編，間來壁下。然而《詩》則魯、韓各授，《書》則今古攸區，《禮》溯后蒼，慶、戴遞傳其緒，《樂》原制氏，常山竟絕其傳。向、歆則父子殊歸，毛、孟則師生異讀，源其授受，本異參商，稽厥指歸，殊淆黑白。班氏位參玄武，生值東京，待詔金馬之門，珥筆白虎之觀，臚羣言之同異，衷師說之是非，立學官者十有四家，著《藝略》者三十八種。桼經故訓，雜出西州。蝌字佚文，仍遺東觀。雖一尊之定說未伸，而《六藝》之微言斯在。今欲疏其指受，證厥源由，暢隱抉微，有四難焉。蓋以石渠典佚，天祿圖湮，汝南存異義之名，中郎蝕熹平之舊，董、曹兵燹，劉、石憑陵，南國清談，欽崇玄妙，北郊戎馬，滅絕典墳，重以妄生異義，橫裂聖經。高才者蔗肆雌黃，末學者蜿求青紫，而欲溯微文於既汩，尋佚論於久湮，紹彼先民，暢茲墜緒，其難一也。至若緯著七篇，纖傳百首，《鑿度》、《運樞》之說，《推災》、《考耀》之文，敍郊邱則旁徹《禮》經，論始際則隱符《風》、《雅》，辨殷、周文質，而《春秋》義昭，剖卦象盈虛，而《易》爻指晰，雖雜以占候，未底於醇，而徵諸遺經，間合乎契。故皆以讖斷禮，以緯儷經，內學之稱，諒非徒爾。迄乎莊、老橫流，康壺自寶，僭僞謬託，贋鼎雜陳，遂禁絕於天監之年，燼滅於開皇之世。華容著錄，片羽僅存，候官集遺，塵珠略見，而欲旁搜星緯，遠索《苞》、《符》，求鄭、宋之絕學，述曹、史之玄經，其難二也。昔班氏之入此觀也，習《魯詩》者首重魯恭，肄歐陽者并崇桓郁，景伯則專精古義，丁鴻則兼習今經，共述師承，咸資採析。今則淳于之奏，莫考舊聞，臨

制之章，無由資溯，師守之源流莫覿，專門之姓氏誰尋？而欲綜《七畧》之遺文，匯百家之異旨，津逮殊迷，淵源何自？其難三也。況其舊入祕書，久同佚典，毛公古義，莫遇司農，楊子玄文，誰爲沛國？是以魯魚互錯，亥豕交差，同《酒誥》之俄空，若《冬官》之闕畧，雖餘姚校正，畧可成書，武進補遺，差堪纂述，然亦終非全璧，祇錄羽琌，而欲披精論於殘編，捃微旨於墜簡，其難四也。立質賦顓愚，學慚俗陋，恥鄉壁之虛造，守先儒之舊聞，不揣檮昧，爲之疏證，凡十二卷。祇取疏通，無資辨難，訪沖遠作疏之例，依河間述義之條，析其滯疑，通其結轖，集專家之成說，廣如綫之師傳，口傳耳剽，固未究其枝葉，管窺莛擊，或有補於涓埃云爾。

　　道光壬辰九月既望，句容陳立譔於揚州寓宅之惜分軒。

白虎通疏證一

爵

天子者，**爵稱也**。此《易說》、《春秋》今文說也。《周易乾鑿度》云：「《易》有君人五號：帝者，天稱也；王者，美行也；天子者，爵號也；大君者，與上行異也〔註1〕；大人者，聖明德備也。」《曲禮》疏引《五經異義》云：「天子有爵不？《易》孟、京說，《易》有君人五號〔註2〕，帝，天稱，一也。」說與《乾鑿度》文同。「是天子有爵，古《周禮》說，天子無爵，同號於天，何爵之有？謹案《春秋左氏》云『施於夷狄稱天子，施於諸夏稱天王，施於京師稱王』，知天子非爵稱也，從古《周禮》說。」〔註3〕鄭駁之云：「案《士冠禮》『古者生無爵，死無諡』。自周及漢，天子有諡〔註4〕，此有爵甚明，

〔註1〕「與」下，底本、清抄本、淮南本有「興」，衍，據《周易乾鑿度》刪。底本校勘記：「案殿本《乾鑿度》作『與上行異也』，《五經異義疏證》作『興上行異也』，是『與』與『興』不當並存，當去其一。」今按：「興上」，《五經異義疏證》作「興盛」，「上」、「盛」，音近而誤。陳壽祺《五經異義疏證》云：「此《異義》孟、京說所出『興盛行異』，《乾鑿度》作『與上行異』，下云『大君者，君人之盛者也』，《異義》易爲『興盛』義，亦通也。」中華本作「興盛行異」，稱據《周易乾鑿度》改，誤，蓋據《五經異義疏證》改。

〔註2〕「君人」，稿本、清抄本、淮南本、中華本誤作「周人」。稿本眉注：「『君』字誤『周』。」據改。今按：《禮記·曲禮下》疏引《五經異義》誤作「周人」，阮元未校。

〔註3〕「從古《周禮》說」，底本、稿本、清抄本、淮南本、中華本同，《禮記·曲禮下》疏引作「同古《周禮》義」。

〔註4〕「諡」，底本、淮南本誤作「爵」，據《禮記·曲禮下》疏引及稿本、清抄本改。中華本已正，今從之。

云無爵，失之矣。」是鄭氏以天子為爵稱也。《初學記》引《尚書刑德放》亦云：「天子，爵稱也。」兩漢之世，《易》孟、京，《春秋公羊》立於學官，古《周禮》、古《左氏》尚未盛行，故與《白虎通》多異也。案《孟子》序班爵之制云「天子一位，公一位，侯一位，伯一位，子男同一位」。以天子與五等之爵並稱，安見天子非爵也？顧氏炎武《日知錄》云：「為民而立之君，故班爵之意，天子與公侯伯子男，一也，而非絕世之貴。代耕而賦之祿，故班祿之意，君卿大夫士與庶人在官，一也，而非無事之食。是故知天子一位之義〔註5〕，則不敢肆於民上以自尊；知祿以代耕之義〔註6〕，則不敢厚取於民以自奉。不明乎此〔註7〕，而侮奪人之君，常多於三代以下矣。」〔註8〕而《禮記‧王制》云「王者之制祿爵〔註9〕，公、侯、伯、子、男，凡五等」者，蓋以王者之制言之，則不數天子，以作君作師之義言之，則天子亦儕乎公侯也。**爵所以稱天子何**〔註10〕？**王者父天母地，為天之子也。**《乾鑿度》云：「天子者，繼天理物，改一統各得其宜，父天母地，以養萬民，至尊之號也。」《後漢書》注引《感精符》云：「人主日月同明，四時合信，故父天母地，兄日姊月。」宋注：「父天，於圓丘之祀也。母地，於方澤之祭也。」董子《繁露‧三代改制》篇：「天祐而子之〔註11〕，號稱天子，故聖王生則稱天子。」〔註12〕蔡邕

〔註5〕「義」，底本、稿本、清抄本、淮南本誤作「意」，據《日知錄‧周室班爵祿》改。中華本已正，今從之。

〔註6〕「義」，底本、稿本、清抄本、淮南本誤作「意」，據《日知錄‧周室班爵祿》改。中華本已正，今從之。

〔註7〕「乎」，底本、稿本、清抄本、淮南本、中華本同，《日知錄‧周室班爵祿》作「于」。

〔註8〕「以」，底本、稿本、清抄本、淮南本、中華本同，《日知錄‧周室班爵祿》作「之」。

〔註9〕「之」，底本、稿本、清抄本、淮南本脫此字，據《禮記‧王制》補。中華本已補，今從之。

〔註10〕「天子」，底本、稿本、清抄本、淮南本、中華本同。元大德本、元刻本、盧校本「子」下有「者」字。

〔註11〕「之」，底本、稿本、清抄本、淮南本誤作「者」，據《春秋繁露‧三代改制質文》改。中華本已正，今從之。

〔註12〕「王」，底本、稿本、清抄本、淮南本誤作「人」，據《春秋繁露‧三代改制質文》改。中華本已正，今從之。

《獨斷》云：「父天母地，故稱天子。」《太平御覽》引應劭《漢官儀》云：「舉措審諦〔註13〕，父天母地，爲天下主。」《詩・時邁》云「昊天其子之」，鄭箋「天其子愛之」。何氏《公羊・成公八年》傳注〔註14〕：「聖人受命，皆天所生，謂之天子。」〔註15〕《御覽》引《保乾圖》云：「天子至尊也，神精與天地通，血氣含五帝精，天愛之子之也。」《後漢・李固傳》云「王者父天母地」，是也。**故《援神契》曰：「天覆地載謂之天子，上法斗極。」《鉤命決》曰**〔註16〕：「**天子，爵稱也。**」《援神契》、《鉤命決》皆《孝經緯》篇名。《說苑・修文》篇：「天覆地載謂之天子。」《御覽》引《佐助期》亦云：「天子法斗，諸侯應宿。」皆與《孝經緯》說同也。**帝王之德有優劣，所以俱稱天子者何？**《獨斷》云：「上古天子，庖犧氏、神農氏稱皇。堯、舜稱帝。夏、殷、周稱王。」〔註17〕**稱謂不同，明德有優劣也。**《御覽》引《斗威儀》云：「帝者，得其英華。王者，得其根核。霸者，得其附支。」《意林》引《新論》云：「三皇以道治，五帝以德化，三王由仁義，五霸用權智。」阮籍《通老論》〔註18〕：「三皇依道，五帝仗德，三王施仁，五霸行義，强國任

〔註13〕「舉」上，底本、稿本、清抄本、淮南本、中華本衍「號曰皇帝道」五字，據《太平御覽・皇王部・敘皇王上》刪。今按：考《太平御覽・皇王部・敘皇王上》引應劭《漢官儀》曰：「皇者，大帝，言其煌煌盛美。帝者，德象天地，言其能行天道，舉措審諦，父天母地，爲天下主。」陳立所引實出自清孫星衍輯《漢官六種》之漢應劭《漢官儀》卷下，其文云：「皇者，大也，言其煌煌盛美。帝者，德象天地，言其能行天下，號曰皇帝，道舉措審諦，父天母地，爲天下主。」孫星衍注稱出自《太平御覽・皇王部》，但與《太平御覽》文不合，蓋引誤，陳立據孫星衍所輯《漢官儀》，亦襲誤。又，陳立又假託引自《太平御覽》，誤甚。

〔註14〕「成公八年傳」，底本、清抄本、淮南本同，稿本無此五字。今按：稿本眉注：「應補某公某年。」

〔註15〕「謂之」，底本、稿本、清抄本、淮南本、中華本同，《公羊傳・成公八年》注「謂」上有「故」字。

〔註16〕「決」，底本、清抄本、淮南本、中華本同，元大德本、元刻本、稿本作「決」。盧校本作「訣」。孫云：「『訣』，元本作『決』，案當作『決』，此本皆作『決』，此獨从『言』，非。」（甲本）

〔註17〕「夏」，底本、稿本、清抄本、淮南本、中華本脫，據《獨斷》補。

〔註18〕「老」，底本、稿本、清抄本、淮南本、中華本誤作「考」，據《太平御覽・皇王部・敘皇王下》引改。

智，蓋優劣之異，厚薄之降也。」〔註19〕**以其俱命於天**〔註20〕，《古微書‧春秋緯‧演孔圖》云：「天子皆五帝之精寶〔註21〕，各有題序，以次運相據起〔註22〕，必有神靈符紀，諸神扶助，使開階立遂〔註23〕，是以王者嘗置圖籙坐旁以自正。」〔註24〕《毛詩‧序》云「文王受命作周也」，箋云：「受命者〔註25〕，受天命而王天下也。」〔註26〕《詩》疏引鄭氏《六藝論》云：「太平嘉瑞，圖書之出，必龜龍銜負焉，黃帝、堯、舜、周公是其正也。若禹觀河見長人，皋陶於洛見黑公，湯登堯臺見黑鳥，<u>至武王渡河白魚躍</u>，文王赤雀止於戶，秦穆公白雀集於車，是其變也。」故緯候皆載帝王受命之事。《詩》疏引《春秋元命苞》云〔註27〕：「鳳皇銜圖置帝前，黃帝再拜受。」《古微書‧元命苞》云〔註28〕：「堯遊河渚，赤龍負圖以出。」《路史》注引《尚書中候‧考河命》曰：「若稽古帝舜，曰重華，欽翼皇象。」鄭注：「言欽奉皇天之曆數。」〔註29〕《御覽》引《中候‧握河紀》云「伯禹在庶，四岳師舉薦之帝堯。帝曰：『何斯若真，出爾命，圖示乃天』」。文又引《中候‧洛予命》云「天乙東觀于洛〔註30〕，降三

〔註19〕 「厚薄」，底本、稿本、清抄本、淮南本、中華本同。《太平御覽‧皇王部‧敘皇王下》引作「薄厚」。

〔註20〕 「俱命」，底本、元大德本、元刻本、盧校本、稿本、清抄本、淮南本、中華本同。劉校：「『命』上挩『受』字。」

〔註21〕 「帝」，底本、稿本、清抄本、淮南本誤作「氣」，據《古微書‧春秋演孔圖》改。中華本已正，今從之。

〔註22〕 「以次運」，底本、稿本、清抄本、淮南本同，中華本改作「次第」，誤。今按：《古微書‧春秋演孔圖》作「以次運」。

〔註23〕 「遂」，底本、稿本、清抄本、淮南本、中華本同，《古微書‧春秋演孔圖》注：「遂當作隧，隧道也。」

〔註24〕 「籙」，底本、稿本、清抄本、淮南本、中華本誤作「錄」，據《古微書‧春秋演孔圖》改。「自正」，底本、稿本、清抄本、淮南本、中華本誤作「自立也」，據《古微書‧春秋演孔圖》改。

〔註25〕 「者」，底本、稿本、清抄本、淮南本、中華本同，《毛詩‧文王》箋無此字。

〔註26〕 「也」，底本、稿本、清抄本、淮南本、中華本同，《毛詩‧文王》箋無此字。

〔註27〕 「苞」，底本、淮南本、中華本同，稿本、清抄本作「包」。

〔註28〕 「苞」，底本、淮南本、中華本同，稿本、清抄本作「包」。

〔註29〕 「欽」，底本、稿本、清抄本、淮南本誤作「敬」，據《古微書‧中候考河命》及《路史‧後紀‧疏仡紀注》引改。

〔註30〕 「于」，底本、稿本、清抄本、淮南本、中華本同，《太平御覽‧皇王部‧殷帝成湯》引作「乎」。

分璧忱於洛水〔註31〕，退立，榮光不起，黃魚雙躍，出濟於壇，黑烏以雄，隨魚亦至〔註32〕，化爲黑玉赤勒曰〔註33〕：『玄精天乙，受神福伐桀，克。三年，天下悉合』。《詩》疏引《中候‧稷起》注云〔註34〕：「堯受《河圖》、《洛書》，后稷有名錄，苗裔當王。」是黃帝、堯、舜、夏、商、周受命於天事也。**而王治五千里內也**〔註35〕。此今文《尚書》說也。《王制》疏引《五經異義》云「今《尚書》歐陽說，中國方五千里。古《尚書》說，五服旁五千里，相距萬里。謹案以今漢地考之，自黑水至東海，衡山之陽至於朔方，經略萬里」〔註36〕。鄭無駁，與許同。則許、鄭並用古文《尚書》也。《易‧繫辭下》云：「陽一君而二民，君子之道也。陰二君而一民，小人之道也。」《王制》疏引鄭注云：「一君二民謂黃帝、堯、舜地方萬里〔註37〕。爲方千里者，百中國之民居七千里，七七四十九，方千里者四十九。夷狄之民居千里者五十一，是中國、夷狄二民共事一君。二君一民謂三代之末，以地方五千里，一君有五千里之土，五五二十五，更足以一君二十五〔註38〕，始滿千里之方五十〔註39〕，乃當堯、舜一民之地。故云『二君一民』，實無此『二君一民』，假之以

〔註31〕 「降三分璧忱於洛水」，稿本、清抄本、淮南本、中華本「忱」作「沉」。《太平御覽‧皇王部‧殷帝成湯》作「降三分沉璧」。

〔註32〕 「止」，底本、稿本、清抄本、淮南本誤作「至」，據《太平御覽‧皇王部‧殷帝成湯》改。中華本已正，今從之。

〔註33〕 「化」上，底本、稿本、清抄本、淮南本有「正」，衍，據《太平御覽‧皇王部‧殷帝成湯》刪。中華本已正，今從之。

〔註34〕 「注」，底本、稿本、清抄本、淮南本、中華本誤作「篇」，據《毛詩‧生民》疏引改。

〔註35〕 「王」，底本、元大德本、元刻本、盧校本、稿本、清抄本、淮南本、中華本同。劉校：「程榮本、何允中本、郎本並作『主』。」孫校：「盧氏文弨本作『王』，明傳鈔、楊祐本與盧同。」今按：作「王」，是。

〔註36〕 「萬里」，底本、稿本、清抄本、淮南本、中華本同，《禮記‧王制》疏引「里」下有「從古《尚書》說」五字。

〔註37〕 「地方」，底本、稿本、清抄本、淮南本、中華本同，《禮記‧王制》疏引「地」上有「謂」字。

〔註38〕 「一」，底本、稿本、清抄本、淮南本、中華本脫此字，據《禮記‧王制》疏引補。

〔註39〕 「滿」下，底本、稿本、清抄本、淮南本、中華本有「方」字，衍，據《禮記‧王制》疏引刪。

地廣狹爲優劣也。」鄭氏注《易》時，以三代方五千里，五帝時方萬里，與今古《尚書》文並不合。《白虎通》於《易》、《書》、《詩》、《禮》、《春秋》多用今文說，於古文說閒及之。此用今文《尚書》說。<u>《御覽》引孫子云</u>〔註40〕：「夫帝王處四海之內，居五千里之中。」亦與今《尚書》同也。**《尚書》曰：「天子作民父母，以爲天下王」**。《周書·洪範》文，引以證天子治天下之義也。《御覽》引伏生《大傳》云：「聖人者，民之父母也。母能生之，能食之〔註41〕，父能教之，能誨之，聖人曲備之者也。能生之，能食〔註42〕、能教〔註43〕，能誨之也〔註44〕。爲之城郭以居之，爲之宮室以處之，爲之庠序之學以教誨之〔註45〕，爲之列地制畝以飲食之。故《書》曰：『作民父母〔註46〕，以爲天下王』，此之謂也。」**何以知帝亦稱天子？以法天下也。《中候》曰：「天子臣放勛。」**《御覽》引《中候·運衡》篇云：「帝堯刻璧率羣臣東沈於洛〔註47〕，書曰〔註48〕：天子臣放勛，德薄施行不元。」鄭注：「元，善也。」」「放勛」即《堯典》之「放勳」。《說文·力部》「勳」，古文作「勛」。又《夊部》〔註49〕，

〔註40〕 「孫子云」，《太平御覽·治道部·貢賦下》引作「孫武曰」。今按：此爲人名，中華本標注書名號，誤。

〔註41〕 「食」，底本、稿本、清抄本、淮南本、中華本誤作「養」，據《尚書大傳·大戰篇》及《太平御覽·人事部·敘聖》引改。

〔註42〕 「能食」，底本、稿本、清抄本、淮南本、中華本同，《尚書大傳·大戰篇》及《太平御覽·人事部·敘聖》引「食」下有「之」。

〔註43〕 「能教」，底本、稿本、清抄本、淮南本、中華本同，《尚書大傳·大戰篇》及《太平御覽·人事部·敘聖》引「教」下有「之」。

〔註44〕 「能」，底本、稿本、清抄本、淮南本、中華本脫此字，據《尚書大傳·大戰篇》及《太平御覽·人事部·敘聖》引補。

〔註45〕 「之」，底本、稿本、清抄本、淮南本、中華本同，《太平御覽·人事部·敘聖》無此字。「之學」，底本、稿本、清抄本、淮南本、中華本同，《尚書大傳·大戰篇》作「學校」。

〔註46〕 「作」上，底本、稿本、清抄本、淮南本、中華本有「天子」二字，衍，據《尚書大傳·大戰篇》及《太平御覽·人事部·敘聖》引刪。

〔註47〕 「帝堯」至「於洛」，底本、稿本、清抄本、淮南本、中華本同，《太平御覽·皇王部·帝堯陶唐氏》引作「帝堯率群臣東沉於雒刻璧」。

〔註48〕 「曰」，底本、稿本、清抄本、淮南本、中華本同，《古微書·中候運衡》無此字。

〔註49〕 「夊」，底本、稿本、清抄本、淮南本、中華本誤作「彳」，據《說文解字·夊部》改。

「殂」字下引「勛乃殂」〔註50〕，蓋孔壁之古文。《周禮·司勳》注：「故書『勳』作『勛』。」是「勛」乃古文書也。案《曲禮上》云：「君前臣名。」據《中候》言堯告天自稱放勛，則放勳者，堯名也。閻氏若璩《四書釋地又續》云：「古帝王有名有號。如堯、舜、禹，其名也。放勛、重華、文命，皆其號也。非史臣之贊詞。」〔註51〕江氏聲《尚書集注音疏》云：「《大戴·帝系》篇云『少典產軒轅，是為黃帝。又昌意產高陽，是為帝顓頊。又蟜極產高辛，是為帝嚳。帝嚳產放勛，是為帝堯』。是放勛與軒轅同稱也〔註52〕。《漢書·古今人表》云『黃帝軒轅氏，帝顓頊高陽氏』。《左傳》亦稱高陽氏、高辛氏、軒轅、高陽等。既皆是氏，則放勛當同。」案《史記·五帝本紀》云「黃帝者，名曰軒轅。虞舜者，名曰重華」，以重華、軒轅論之，則堯亦當名放勛矣。果如江氏據《大戴禮》為信，則當以堯、舜等為名。然則黃帝亦為名乎？蓋古時尚質，名號通稱。《淮南子·原道訓》「則名實同居」，高注：「名〔註53〕，爵號之名也。」《周書·諡法解》：「大行受大名，細行受小名。」〔註54〕注：「名謂號諡。」故《孟子·滕文公》注以放勛為號，於《萬章》注又以放勛為名也。《書》亡逸篇曰〔註55〕：「厥兆天子爵。」小字本、元本俱无「亡」字，「亡」字當是衍文。案漢初伏生口傳二十八篇，作《書傳》四十九篇，後有歐陽、大、小夏侯并傳其學，三家立於學官，訖漢東京相傳不絕，

〔註50〕「殂」，底本、稿本、清抄本、淮南本、中華本誤作「徂」，據《說文解字·歹部》改。

〔註51〕「詞」，底本、稿本、清抄本、淮南本、中華本同，《四書釋地又續·放勛》作「辭」。

〔註52〕「軒轅」，底本、稿本、清抄本、淮南本、中華本同，《尚書集注音疏》有「轅」下「高陽等」三字。

〔註53〕「名」，底本、稿本、清抄本、淮南本、中華本誤作「勢位」二字，據《淮南鴻烈解·原道訓》改。

〔註54〕「小」，底本、稿本、清抄本、淮南本、中華本誤作「細」，據《逸周書·諡法解》改。

〔註55〕「亡」，底本、盧校本、稿本、清抄本、淮南本、中華本同，元大德本、元刻本無此字。孫云：「元本無，萬璃本、何允中本俱作『無』。」（乙本）孫校：「傳本、楊本作『無』。盧本作『亡』，自注云……又補校云……孫星華按陳氏立……所說較盧氏尤精當，從小字本、元本去『無』字，為是。」

是爲今文《尙書》。漢武帝時，魯恭王壞孔子宅，得古文。孔安國以今文讀之，增多得二十四篇，遭巫蠱事，未得立於學官，爲中古文。劉向父子校理祕書，皆見之。後漢賈徽父子，孔僖、衛宏、徐巡、馬融、鄭康成并傳其學，又兼通杜林漆書，是爲古文《尙書》。然孔壁之二十四篇，馬融謂絕無師說。漢人重師承，無師說不敢强爲之解。故東京之習古文《尙書》者，亦第解伏生之二十八篇及河內女子所得之《泰誓》一篇耳。其餘皆未之注釋，故又稱逸《書》，至二十九篇及二十四篇以外，則謂之亡。亡者，并其文字盡亡之也。逸者，但逸其說也。然則此所引逸篇，當是孔壁之古文也。董豐垣輯《書大傳》以此句收入《無佚》篇，蓋未考耳。且《無佚》，《周書》，《白虎通》引以證帝亦稱天子，其非《周書》可知。**何以皇亦稱天子也**〔註56〕？**以其言天覆地載，俱王天下也。故《易》曰：「伏羲氏之王天下也。」**《繫辭傳下》文也。今王弼本作「庖羲氏」，《集解》引虞翻本亦作「庖犧」，又引鄭注本作「包犧」，與此不同。惟《易·釋文》引孟喜古文《易》本作「伏戲氏之王天下也」，注：「伏，服也。戲，化也。」又引京房章句本，與孟氏同。考京氏本從梁人焦延壽學《易》，延壽常從孟喜問《易》，喜死，房以延壽《易》，即孟氏學。故京氏說《易》多與孟氏同，先儒以孟、京並稱，此之故也。《白虎通》蓋引用京、孟本也。

　　右論天子爲爵稱舊無細目，今依盧本。

　　爵有五等，以法五行也。或三等者，法三光也。或法三光，或法五行何？質家者據天，故法三光。文家者據地，故法五行。《公羊》桓十一年注云：「質家爵三等者，法天之有三光也。文家爵五等者，法地之有五行也。」《王制》疏引《元命苞》云〔註57〕：「周爵五等，法五精。春

〔註56〕 「何以」，底本、稿本、清抄本、淮南本同，元大德本、元刻本、盧校本「以」下有「言」字。中華本亦補「言」字。

〔註57〕 「苞」，底本、淮南本、中華本同，稿本、清抄本作「包」，下「《公羊》疏引《元命苞》」同，不更出校。

秋三等，象三光。」〔註 58〕注「五精是總法五行，分之則法五剛，諸侯之臣則法五柔」〔註 59〕。《公羊》疏引《元命苞》又云：「質家爵三等者，法天之有三光也。文家爵五等者，法地之有五行也。」鄭注《王制》亦云：「象五行剛柔十日。」《公羊》家以《春秋》變周之文，從殷之質。故《春秋緯》以《春秋》爲質家也。然則《白虎通》亦用今文《春秋》說也。《漢書・袁盎傳》〔註 60〕：「殷道質，質者法天。周道文，文者法地。」是質者據天，文者法地也。

《含文嘉》曰：「殷爵三等，周爵五等，各有宜也。」《禮緯》篇名也。《大戴禮》注「質以天德，文以地德」〔註 61〕，引《含文嘉》又曰：「殷授天而王，周據地而王。」《王制》疏引《含文嘉》又云：「殷爵三等，殷正尚白，白者兼中正〔註 62〕，故三等。夏尚黑，亦從三等。」若然，夏亦尚文，而爵三等者，文家五等，質家三等，是《春秋》家說不可通之於《禮》說也。且五等之爵至周始備，故下引《王制》五等之制爲周制，則夏世不得有五等矣。《繁露・三代改制》篇：「周爵五等，春秋三等，《春秋》何三等？曰：王者以制，一商、一夏，一質、一文，商質者主天，夏文者主地。春秋者主人，故三等也。」**《王制》曰：「王者之制祿爵，凡五等。」謂公、侯、伯、子、男也。此據周制也。**《王制》曰：「王者之制祿爵，公、侯、伯、子、男，凡五等。」此則以「公、侯、伯、子、男」五字爲《白虎通》釋《王制》之詞，與本經不同者，《白虎通》引書多與本經異，或所引不全，或見本

〔註 58〕 「象」，底本、稿本、清抄本、淮南本、中華本誤作「法」，據《禮記・王制》疏改。

〔註 59〕 今按：此「注」所云與上《禮記・王制》疏引《元命苞》文，非一處。「注」上，應補「宋」字，義長。

〔註 60〕 今按：「《漢書・袁盎傳》」，當爲「《史記・梁孝王世家》」。考《史記・梁孝王世家》云：「帝召袁盎諸大臣通經術者曰：『太后言如是，何謂也？』」……袁盎等曰：「殷道親，親者立弟。周道尊，尊者立子。殷道質，質者法天，親其所親，故立弟。周道文，文者法地，尊者敬也，敬其本始，故立長子。」陳立節引此文，蓋涉「袁盎等曰」四字致誤。

〔註 61〕 「質以」至「地德」，底本、稿本、清抄本、淮南本、中華本誤在「含文嘉曰」下，據《大戴禮記・少間》注乙正。

〔註 62〕 「中正」，底本、稿本、清抄本、淮南本、中華本同，《禮記・王制》疏引作「正中」。

不同，或寫字有訛也。知據周制者，以《春秋緯》及《公羊》家皆以殷爵三
等，又《禮緯》言夏爵亦三等，故以五等爲周制也。「據」字，舊脫，盧依《御
覽》百九十八補。**《春秋傳》曰：「天子三公稱公，王者之後稱公，其
餘大國稱侯，小者伯、子、男也。」**《公羊》隱五年傳文也。「天子三公
稱公」者，僖九年經「公會宰周公」，是也。注「宰，治也。三公之職號尊名
也」。「王者之後稱公」者，隱三年經書「宋公和卒」，注「宋稱公，殷後也。
王者封二王後，地方百里，爵稱公，客待之，不臣也」。若然，春秋之世，杞
不稱公者，《公羊》莊二十七年：「杞伯來朝。」注云：「《春秋》黜杞，新周
而故宋。以《春秋》當新王。」則《公羊》家等周於二王之後，故杞不稱公
也。若《左氏》家杜預等，以杞與滕、薛並爲時王所黜，與《公羊》不同。「其
餘大國稱侯，小者伯子男」者，彼注云「大國謂百里也」，「小國謂伯七十里，
子男五十里」。鄭氏《王制》注云：「《春秋》變周之文，從殷之質，合伯子男
以爲一。則殷爵三等者，公、侯、伯。」而子、男則上統於伯，並爲小國也。
《王制》疏引《鄭志》云：「張逸問：『殷爵三等，公、侯、伯，《尚書》有微
子、箕子何？』答曰：『微子、箕子實是圻內采地之爵〔註63〕，非圻外治民之
君，故云子也。』」然則殷之世，惟圻內得有子男之爵也。舊脫「天子三公」
句，又「其餘」下間以「人皆千乘，象雷震百里所潤同」十二字，今依盧以
隱五年傳文爲定。**《王制》曰：「公侯田方百里，伯七十里，子、男五
十里。」**《孟子·萬章下》：「天子之制，地方千里，公侯皆方百里，伯七十
里，子男五十里，凡四等。」注：「凡此四等，皆土地之等差也。」〔註64〕此
以公侯爲一等，伯爲一等，子男爲一等，與《公羊》說又殊，先儒以爲夏制
也。**所以名之爲公侯者何？公者，通也。公正無私之意也。**《公羊》
疏引《元命苞》云：「公之言公，公正無私。」古公、通同義。《後漢·來歷

〔註63〕「圻」，底本、稿本、清抄本、淮南本、中華本同，《禮記·王制》引作「畿」。
下「圻」字同，不更出校。

〔註64〕「皆」，底本、稿本、清抄本、淮南本、中華本同，《孟子·萬章下》注無此
字。

傳》注「通，共也」〔註65〕。《禮運》「天下爲公」，注：「公，猶共也。」〔註66〕公、共展轉相訓。又《釋名》云：「公，廣也。」惟廣故能通。《淮南・原道訓》「此俗世庸民之所公見也」〔註67〕，謂通見也。《修務訓》：「何以爲公論？」〔註68〕謂通論也。《荀子・解蔽篇》「此心術之公患也」，謂通患也〔註69〕。私，《說文》作「厶」，云「奸衺也。韓非曰：『蒼頡造字〔註70〕，自營爲厶。』」於「公」字下，注云：「八猶背也。韓非曰：『背厶爲公。』」《左傳》疏引《環濟要畧》云：「自營爲厶，八厶爲公。」《廣雅・釋詁》云「公，正也」，是公正無私之意也。**侯者，候也。候逆順也。**《公羊》疏引《元命苞》云：「侯之言候，候逆順，兼伺候王命。」《孝經・釋文》引鄭注云：「侯者，候伺。」《周禮・職方氏》「其外方五百里謂之侯服」，疏「侯爲王者斥候也」〔註71〕。《廣雅・釋言》：「侯，候也。」侯、候同音。《周禮・小祝》云「侯禳禱祠之祝號」〔註72〕，注：「侯之言候也。」是也。《說文》：「矦，春饗所射矦。」以《射義》云：「射中則得爲諸侯。」故引申爲諸侯之「矦」字，至候逆順之「候」，則《人部》云：「候，司望也。」是也。「所以名之」以下

〔註65〕 「共也」，底本、稿本、清抄本、淮南本、中華本同，《後漢書・李王鄧來列傳》「共」上有「猶」字。

〔註66〕 「公猶共也」，底本、稿本、清抄本、淮南本、中華本脫此四字，據《禮記・禮運》補。

〔註67〕 「世」，底本、稿本、清抄本、淮南本、中華本誤作「氏」，據《淮南鴻烈解・原道訓》改。

〔註68〕 「何以爲公論」，底本、稿本、清抄本、淮南本、中華本同，《淮南鴻烈解・脩務訓》作「何可以公論乎」。

〔註69〕 「通」，底本、稿本、清抄本、淮南本、中華本同。今按：「通」當作「共」。注當作「謂共患也」。《荀子・解蔽篇》云：「凡萬物異則莫不相爲蔽，此心術之公患也。」彼注云：「公，共也。所好異則相爲蔽。」是其證。

〔註70〕 「造」，底本、稿本、清抄本、淮南本、中華本同，《說文解字・厶部》作「作」字。

〔註71〕 「疏」，底本、稿本、清抄本、淮南本、中華本誤作「注」，據《周禮・職方氏》孔疏改。「者」，底本、稿本、清抄本、淮南本、中華本同，《周禮・職方氏》無此字。今按：《周禮・職方氏》孔疏云：「言侯者，侯之言候，爲王斥候。」此爲節引。

〔註72〕 「祠」，底本、稿本、清抄本、淮南本、中華本誤作「祈」，據《周禮・小祝》改。

至此，舊在「《春秋傳》曰」上〔註73〕，依盧校正。**人皆千乘**。《禮‧坊記》云「故制國不過千乘」，注：「古者方十里，其中六十四井出兵車一乘，此兵賦之法也。成國之賦千乘。」疏引《司馬法》云「成方十里，出革車一乘」，《司馬法》又云「甸方八里，出長轂一乘」，鄭注《小司徒》云「若通溝洫之地，則爲十里。若除溝洫之地，則爲八里也」。又鄭注《小司徒》云「井十爲通，士一人，徒二人。通十爲成，革車一乘，士十人，徒二十人。十成爲終，革車十乘，士百人，徒二百人。十終爲同，革車百乘，士千人，徒二千人」。則千乘之國，適得士萬人，徒二萬人。與《魯頌》「公車千乘，公徒三萬」合。《漢書‧刑法志》：「因井田而制軍賦。地方一里爲井，井十爲通，通十爲成，成方十里。成十爲終，終十爲同，同方百里。同十爲封，封十爲圻〔註74〕，圻方千里，有稅有賦。稅以足食，賦以足兵。故四井爲邑，四邑爲邱〔註75〕。邱，十六井也。戎馬一匹，牛三頭。四邱爲甸，甸，六十四井也，有戎馬四匹，兵車一乘，牛十二頭，甲士三人，步卒七十二人〔註76〕，干戈備具。是爲乘馬之法。〔註77〕一同百里，提封萬井，除山川〔註78〕、沈斥、城池、邑居、園囿、術路三千六百井，定出賦六千四百井，戎馬四百匹，兵車百乘。此卿大夫采地之大者也，是爲百乘之家。一封三百十六里〔註79〕，提封十萬井，定出賦六萬四千井，戎馬四千匹，兵車千乘。此諸侯之大者也。是爲千乘

〔註73〕「上」，底本、稿本、清抄本、中華本同，淮南本誤作「士」。今按：中華本正作「上」，是，未出校。
〔註74〕「圻」，底本、稿本、清抄本、淮南本、中華本同，《漢書‧刑法志》作「畿」。下「圻方千里」與「天子圻」之「圻」同，不更出校。
〔註75〕「邱」，底本、稿本、清抄本、淮南本、中華本同，《漢書‧刑法志》作「丘」，下字同，不更出校。今案：孔子名丘，因避諱，作「邱」。
〔註76〕「步」，底本、稿本、清抄本、淮南本、中華本同，《漢書‧刑法志》無此字。
〔註77〕「爲」，底本、稿本、清抄本、淮南本、中華本同，《漢書‧刑法志》作「謂」，下「是爲百乘之家」與「是爲千乘之國」之「爲」字同，不更出校。今按：二字通假。清王引之《經傳釋詞》引王念孫曰：「謂，猶爲也。」
〔註78〕「川」，底本、稿本、清抄本、淮南本、中華本誤作「林」，據《漢書‧刑法志》改。
〔註79〕「三百十六里」，底本、稿本、清抄本、淮南本、中華本同，《漢書‧刑法志》「十」上有「一」字。

之國。天子圻方千里〔註80〕，提封百萬井，定出賦六十四萬井，戎馬四萬匹，兵車萬乘。故稱萬乘之主。」《論語・學而》「道千乘之國」，何晏集解引馬融注云：「《司馬法》步百爲畝，畝百爲夫，夫三爲屋，屋三爲井，井十爲通，通十爲成，成出革車一乘〔註81〕。然則千乘之賦，其地千成，居地方三百十六里〔註82〕。惟公侯之封乃能容之。」又引包咸注云：「千乘之國者，百里之國也。古者井田，方里而井〔註83〕，井十爲乘〔註84〕。百里之國，適千乘也。」宣十五年《公羊》注「聖人制井田之法，十井共出兵車一乘」，與包氏說同。杜預注《左傳》謂「《周禮》九夫爲井，四井爲邑，四邑爲邱，四邱爲甸。甸六十四井，出長轂一乘」〔註85〕。案以開方計之，方百里者，爲方百里者百，則爲一萬井之地。考以杜氏之說，則六十四井出一乘，六千四百井出百乘。萬井之中，三分去一，止得六千四百井，但能出百乘耳。《刑法志》及馬融之說，幷謂千乘須得方十萬里，與杜說同也。惟何休、包咸之說，則以一萬井正得千乘。然使十井出一甸之賦，則其虐又甚於邱甲矣。馬氏等據《周禮》，包氏等據《王制》。依《周禮》，則百里千乘之制不合。依《王制》，則百里出千乘，又嫌於非情。而說多以千乘爲三百一十六里，故幷錄存之焉。**象雷震百里所潤同。**《御覽》引《援神契》曰：「二王之後稱公，大國稱侯〔註86〕，皆千乘。象雷震百里所潤雲雨同。」〔註87〕《易・蠱》「不事王侯」，集解引虞注「震爲侯」。《易・象上》

〔註80〕「方」，底本、稿本、清抄本、淮南本、中華本誤作「外」，據《漢書・刑法志》改。
〔註81〕「革」，底本、稿本、清抄本、淮南本、中華本誤作「兵」，據《論語・學而》注改。
〔註82〕「三百十六里」，底本、稿本、清抄本、淮南本、中華本同，《論語・學而》注「十」上有「一」，「里」下有「有畸」二字。
〔註83〕「而」，底本、稿本、清抄本、淮南本、中華本同，《論語・學而》注作「爲」。
〔註84〕「井十」，底本、稿本、清抄本、淮南本、中華本同，據《論語・學而》注作「十井」。
〔註85〕「長轂」，底本、稿本、清抄本、淮南本、中華本誤作「車」，據《左傳・成公元年》注改。
〔註86〕「稱」，底本、稿本、清抄本、淮南本、中華本同，《太平御覽・封建部・爵》引無。
〔註87〕「震」，底本、稿本、清抄本、淮南本、中華本同，《太平御覽・封建部・爵》引無。

傳「親諸侯」，集解引虞注「震爲諸侯」。《易‧震》云：「震亨。」《詩》疏引鄭注云：「震爲雷，雷，動物之氣也。雷之發聲，猶人君出政教之以動國中之人也〔註88〕。故謂之震。」又云：「震驚百里，不喪匕鬯。」《儀禮》疏引鄭注云：「雷發聲聞於百里〔註89〕，古者諸侯之象〔註90〕。諸侯之出教令〔註91〕，能警戒其國疆之內〔註92〕，則守其宗廟社稷爲之祭主，不亡其匕與鬯也。」〔註93〕梁氏同書校云：「《周禮》注『同方百里』，疏：『謂之爲同者〔註94〕，取象雷震百里所聞同。』《易‧震》疏〔註95〕：『雷之發聲，聞於百里〔註96〕。古帝王制國〔註97〕，公侯地方百里，故以象焉。』此既無『雲雨』字，似當從《周禮》疏作『所聞同』爲是。」案下《封公侯》篇亦云「封不過百里〔註98〕，象雷震百里所潤雲雨同」，或涉文誤也。**伯者，白也。**舊作「百也」，盧改。案古多以「伯」爲「百」。《食貨志》「有仟伯之得」，《孟子‧滕文公》「或相什伯」皆謂百也。但以「百」訓侯伯之「伯」未安。《風俗通‧皇霸》篇〔註99〕：「伯者，長也，白也，言其咸建五長，功實明白。」《元命苞》云「伯之言白〔註100〕，明白於

〔註88〕 「之」，底本、稿本、清抄本、淮南本、中華本同，《毛詩‧殷其靁》疏無此字。

〔註89〕 「聞」，底本、稿本、清抄本、淮南本、中華本同，《儀禮疏》引無此字。

〔註90〕 「之」，底本、稿本、清抄本、淮南本、中華本同，《儀禮疏》引無此字。

〔註91〕 「之」，底本、稿本、清抄本、淮南本、中華本同，《儀禮疏》引無此字。

〔註92〕 「其國疆之內」，底本、稿本、清抄本、淮南本、中華本同，《儀禮疏》引作「國內」。

〔註93〕 「匕與鬯也」，底本、稿本、清抄本、淮南本、中華本同，《儀禮疏》引作「匕鬯」。

〔註94〕 「爲」，底本、稿本、清抄本、淮南本、中華本脫此字，據《周禮‧小司徒》疏及盧校本注引補。

〔註95〕 「疏」，底本、稿本、清抄本、淮南本、中華本同，盧校本注引作「正義」二字。

〔註96〕 「於」，底本、稿本、清抄本、淮南本、中華本同，《周易‧震》疏及盧校本注引作「乎」。

〔註97〕 「古帝王」，底本、稿本、清抄本、淮南本、中華本同，《周易‧震》疏「古」上有「故」字。

〔註98〕 「封」，底本、稿本、清抄本、淮南本、中華本誤作「地」，據《白虎通‧封公侯》正。

〔註99〕 「俗」，底本、稿本、清抄本同，淮南本誤作「浴」。中華本已正，未出校。

〔註100〕 「之言」，底本、稿本、清抄本、淮南本、中華本同，《禮記‧王制》疏「之」

德」，見《禮》疏。盧氏據之，謂此下亦當有「明白於德」四字。又以此句下當有「伯七十里」，蓋以上下文互證之也。《獨斷》云：「伯者，白也。明白於德，其地方七十里。」當依盧氏校正。**子者，孳也。孳孳無已也。**《禮》疏引《元命苞》云：「子者，孳恩宣德。」〔註101〕《獨斷》云：「子者，滋也。奉天王之恩德，其地方五十里。」《史記》注引張君相《老子》注云：「子，孳也。」《大戴禮·本命》、《廣雅·釋言》皆同。《宋書》引《詩·推度災》云：「子者，滋也。」〔註102〕《淮南·天文訓》：「子者，茲茲益大也。」茲茲猶孳孳，茲茲言日大無已，孳孳言相續無已時也。下《三綱六紀》篇亦云：「子者，孳也。孳孳無已也。」《釋名·釋親屬》云：「子，孳也，相生蕃孳也。」子、孳、茲、滋音義通。**男者，任也。人皆五十里。**《禮》疏引《元命苞》云：「男者任功立業，皆上奉王者之政教禮法，統理一國，修身潔行矣。」〔註103〕《獨斷》云：「男者，任也。立功業以化民，其地方五十里。」盧謂此亦當有「任功立業」四字。《孝經·釋文》引鄭注云：「男者，任也。」《職方氏》注〔註104〕：「男，任也。任王爵。」古「男」與「任」通。《書·禹貢》：「二百里男邦」，《夏本紀》作「任國」〔註105〕。「男」亦作「南」。《左傳》昭十三年「鄭伯，男也」，疏引賈逵注云：「男當作南。」《家語·正論》：「鄭伯，南也。」王肅注：「南，《左氏》作『男』。古字作『南』。」南亦訓為任。下《五行》篇：「南方者〔註106〕，任養之方。」南夷之樂謂之南。《詩·鼓鍾》「以雅

下有「爲」字。今按：《公羊傳·隱公元年》疏無「爲」字。陳氏蓋據此引。

〔註101〕「孳」，底本、稿本、清抄本、淮南本、中華本同，《禮記·王制》疏引作「奉」。

〔註102〕「滋」，底本、稿本、清抄本、淮南本、中華本同，《宋書·符瑞上》引作「茲」。

〔註103〕「行」，底本、稿本、清抄本、淮南本、中華本誤作「已」，據《古微書·春秋元命苞》改。今按：「皆上」至「行矣」，《禮》疏引無此文，此句蓋爲《公羊傳·隱公元年》徐彥疏所引，陳立引《公羊傳》文託於《禮》文。

〔註104〕今按：《逸周書·職方解》「又其外方五百里曰男服」，孔晁注：「男，任也，任王事。」《周禮·職方氏》「又其外方五百里曰男服」，孔疏：「言『男』者，男之言任也。爲王任其職理。」故陳氏所引當爲《逸周書·職方解》孔注，則「氏」當爲「解」，「爵」當爲「事」。

〔註105〕今按：《史記·夏本紀》作「二百里任國」。陳立欲證「任」與「男」通，引作「任國」，語義未備。

〔註106〕「者」，底本、稿本、清抄本、淮南本脫，據《白虎通·五行》補。中華本已

以《南》」，是也。亦謂之任。《禮・明堂位》「任南蠻之樂」，是也。此篇所釋公、侯、伯、子、男之義，皆疊韻爲訓，男、南、任通也。盧云：「此『人』字，當作『子男』。」**差次功德。**《禮》疏引《孝經》云：「德不倍者不異其爵，功不倍者不異其土，故轉相半別優劣。」即差次之義也。蓋《孝經》說語。**小者不滿爲附庸。附庸者，附大國以名通也。**《禮》疏引《元命苞》曰：「王者封國，上應列宿之位，其餘小國不中星辰者，以爲附庸。」《禮・王制》「不合於天子，附於諸侯，曰附庸」，注：「不合謂不朝會也。小城曰附庸。附庸者，以國事附於大國，未能以其名通也。」《孟子・萬章》：「不能五十里，不達於天子，附於諸侯，曰附庸。」注：「小者不能特達於天子，因大國以名通，曰附庸也。」此云「不滿」者，亦「不能五十里」之義也。孔氏廣森《經學卮言》云：「不達於天子者，《春秋》所謂『未能以其名通也』。《繁露・爵國》篇曰〔註107〕：『附庸，字者方三十里，名者方二十里，人氏者方十五里。』《書大傳》曰：『古者諸侯始受封則有采地。百里諸侯以三十里，七十里諸侯以二十里，五十里諸侯以十五里。其後子孫雖有罪黜，其采地不黜，使其子孫賢者守之，世世以祠其始受封之人。此之謂興滅國，繼絕世。』昔齊人滅紀，紀季以酅爲齊附庸。酅者，紀之采也。然則附庸多亡國之後，先世有功德者，故追錄之，使世食其采，以臣屬於大國。王三十里者〔註108〕，其先公侯也。二十里者，以先伯也。十五里者，其先子男也。董仲舒正與《書傳》相合。」〔註109〕《王制》疏引《元命苞》云〔註110〕：「庸者，通也。官小德微，附於大國以名通也〔註111〕。若畢星之有附耳然。故謂之附庸。」庸

補，但未出校。

〔註107〕「爵國篇」，底本、清抄本、淮南本、中華本同，稿本無此三字，眉注：「……全名。」《經學卮言・孟子》引無此三字。

〔註108〕「王」，底本、稿本、清抄本、淮南本、中華本同，《經學卮言・孟子》無此字。

〔註109〕「董仲舒」，底本、稿本、清抄本、淮南本、中華本同，《經學卮言・孟子》「舒」下有「說」字。

〔註110〕今按：《禮記・王制》疏無此文。清・喬松年撰《緯攟》有此文，注：「《公羊》疏」。《公羊傳・隱公元年》疏實有此文。

〔註111〕「也」，底本、稿本、清抄本、淮南本同，《公羊傳・隱公元年》疏引無此字。

與通亦疊韻爲義也。**百里兩爵，公侯共之。七十里一爵，五十里復兩爵何？公者，加尊二王之後；侯者，百里之正爵。上有可次，下有可第，中央故無二。五十里有兩爵者，所以加勉進人也。小國下爵，猶有尊卑，亦以勸人也。**《公羊》隱元年傳注「公者，五等之爵最尊」者也。然則公侯之位正同，但以其爲二王後，故特加以公之虛名，表異之耳。「上有可次」上，舊衍一「土」字〔註112〕，依盧校刪。「所以名之爲公侯」以下，皆依《王制》文通之。**殷爵三等謂公、侯、伯也。**此下皆今文《春秋》說也。《王制》注云「此地殷所因夏爵三等之制也。殷有鬼侯、梅伯，故此謂「惟周爵五等」。**所以合子男從伯者何？王者受命，改文從質，無慮退人之義，故上就伯也。**《公羊》桓十一年傳：「《春秋》伯、子、男一也，詞無所貶。」注：「《春秋》改周之文，從殷之質，合伯、子、男爲一〔註113〕，詞無所貶。」〔註114〕《王制》注：「《春秋》變周之文，從殷之質，合伯、子、男以爲一。則殷爵三等者，公、侯、伯也，異畿內謂之子。」鄭氏之意，以子、男皆上從伯稱，與伯爲一，故以伯與公、侯爲三等。此云「上就伯也」，則與鄭氏義合。蓋《公羊》先師舊有此義，故班、鄭二家并依而用焉，與何氏微異。**《尚書》曰「侯、甸、任、衞作國伯」，謂殷也。**《周書·酒誥》文也。今本作「侯甸男衞邦伯」〔註115〕，男即任，國即邦也，唯贅一「作」字。盧謂欲證子男之從伯，似「作」字，亦非衍文。王氏鳴盛《尚書後案》云：「邦伯當兼當州之牧，并天下二伯而言，若連屬卒，恐不可名伯。」孫氏星衍《尚書今古文疏》云：「邦伯者，《王制》云『千里之

中華本刪此字。
〔註112〕「土」，底本、淮南本、中華本同，誤。盧校本注作「士」，是。今按：據元大德本，元刻本《白虎通》原文，「土」當爲「士」。
〔註113〕「一」，底本、稿本、清抄本、淮南本、中華本同，《公羊傳·桓公十一年》此字重文，屬下讀。
〔註114〕「詞」，底本、稿本、清抄本、淮南本、中華本同，《公羊傳·桓公十一年》作「辭」。
〔註115〕「伯」，底本、稿本、清抄本、淮南本誤作「國」，據《尚書·酒誥》改。中華本已正，今從之。

外設方伯，五國以爲屬，百一十國以爲州，州有伯，八州八伯。』注：『伯帥，殷之州長曰伯，虞、夏及周皆曰牧。』又云：『二伯各以其屬屬於天子之老二人，分天下以爲左右二伯。』此邦伯未必是二伯，蓋即方伯。」皆不以伯爲侯伯之「伯」。《白虎通》所據蓋今文《尚書》也。〔註116〕《酒誥》本非完書，《法言・問神》篇云：「而《酒誥》之篇俄空焉，今亡。」《法言義疏》引王應麟《困學紀聞》「謂劉向以中古文較歐陽〔註117〕、大、小夏侯三家經文，《酒誥》脫簡一。俄空，即脫簡之謂。而《大傳》引《酒誥》『王曰封，惟曰若圭璧』，今無此句，疑所脫即此等句。」《白虎通》所稱之「作國伯」，亦此類也。又彼書曰「在昔殷先哲王」，下云：「越在外服，侯甸男衛邦伯。」則爲殷制明矣。若然，《周禮・職方》并詳侯、甸、男、采、衛之服制，則侯、甸、任、衛，周制也。而得謂之殷者，王氏鳴盛《尚書後案》又云「或殷本沿虞夏甸、侯、綏、荒之名〔註118〕，此特借周名以言殷制，或周因殷禮。但鄭謂殷時中國最小，僅方千里〔註119〕，必無九服之名，此節必借周名以言之耳」〔註120〕，是也。**《春秋傳》曰：「合伯子男爲一爵。」**即桓十一年《公羊傳》文也。《繁露・三代改制》篇：「《春秋》『鄭忽何以名』？《春秋》『伯〔註121〕、子、男，一』也，詞無所貶〔註122〕。何以爲一曰『周爵五等，春秋三等』？」是伯、子、男爲一，自是《春秋》制也。**或曰：合從子，貴中也。**《公羊》先師異說也。《白虎通》雜論經傳，

〔註116〕今按：《尚書今古文注疏・酒誥》云「今文《尚書》『男』作『任』，『邦』作『國』。

〔註117〕「法言」至「紀聞」十二字，底本、稿本、清抄本、淮南本、中華本無，據《法言義疏》補。「謂」，底本、稿本、清抄本、淮南本、中華本誤作「故」，據《法言義疏》改。今按：引文實出自《法言義疏》，陳立轉爲己用，稿本初有「王應麟困學紀聞謂」八字，後刪。

〔註118〕「綏荒」，底本、稿本、清抄本、淮南本、中華本同，《尚書後案・酒誥》「綏」下有「要」字。

〔註119〕「方千里」，底本、稿本、清抄本、淮南本、中華本同，《尚書後案・酒誥》「方」下有「三」字。

〔註120〕「借」，底本、稿本、清抄本、淮南本、中華本同，《尚書後案・酒誥》作「籍」。

〔註121〕「春秋伯」，底本、稿本、清抄本、淮南本同，《春秋繁露・三代改制質文》「秋」下有「曰」字。中華本補「曰」字。

〔註122〕「詞」，底本、稿本、清抄本、淮南本、中華本同，《春秋繁露・三代改制質文》作「辭」。

多以前一說爲主，「或曰」皆廣異聞也。何休《公羊》注曰：「合伯子男爲一〔註123〕，詞無所貶〔註124〕，皆從子，夷狄進爵爲子。」是也。合三從子者，制由中也。則何意以伯、子、男合爲一，皆稱子也。考休受學於羊弼，本傳云：「休與弼追論李育意。」《後漢·儒林傳》「李育習《公羊春秋》，建初元年，衛尉馬廖舉育方正，爲議郎，後拜博士。四年，詔與諸儒論《五經》於白虎觀。育以《公羊》義難賈逵，往返皆有理證，最爲通儒」。然則此蓋李育說也。李育之義，未知爲嚴氏《春秋》，顏氏《春秋》，然休序以二家並非。又云「依胡母子都條例」〔註125〕，則李育之說亦本之胡母子都也。**以《春秋》名鄭忽，忽者，鄭伯也。此未踰年之君，當稱子，嫌爲改伯從子，故名之也。**《公羊》何休注：「忽，稱子，則與諸侯改伯從子，詞同於成君〔註126〕，無所貶損，故名也。名者，緣君薨有降，既葬名義也。此非罪貶也。」案此亦即「或曰」一說之義，言未踰年之君當稱子，《春秋》僖九年「宋子」，是也。忽，稱子，則嫌爲合三從子，故降而稱名。不然，則伯與子同與成君，不降無異，不見在喪、除喪之別。故在喪，降而稱名也。「改伯從子」舊作「改赴」二字，訛。盧據《公羊》注校正。**地有三等不變，至爵獨變者何？地比爵爲質，故不變。**《禮·王制》注云：「此地殷所因夏爵三等之制。」知夏亦三等地也〔註127〕。以哀七年《左傳》「禹會諸侯於塗山〔註128〕，執玉帛者萬國」，若非三等受地，烏能容彼萬國，故《益稷》「州十有二師」〔註129〕，疏引鄭注云「言

〔註123〕「一」，底本、稿本、清抄本、淮南本、中華本同，《公羊傳·桓公十一年》此字重文，屬下讀。

〔註124〕「詞」，底本、稿本、清抄本、淮南本、中華本同，《公羊傳·桓公十一年》作「辭」。

〔註125〕今按：母，一作「毋」。《春秋公羊傳》序作「略依胡母生條例」。注：「母」，音「無」，多得其正。《漢書·儒林傳》：「胡毋生，字子都，齊人也。治《公羊春秋》，爲景帝博士。」

〔註126〕「詞」，底本、稿本、清抄本、淮南本、中華本同，《公羊傳·桓公十一年》作「辭」。

〔註127〕「三」，底本、稿本、清抄本同，淮南本、中華本誤作「夏」。

〔註128〕「會」，底本、稿本、清抄本、淮南本同，《左傳·哀公七年》作「合」。中華本已改作「合」。

〔註129〕「益稷」，底本、稿本、清抄本、淮南本、中華本誤作「皋陶謨」，據《尚書·

執玉帛〔註130〕，則九州之內諸侯也。蓋百國一師，州十有二師，則千二百國
也」。〔註131〕計一州方百里之國二百，七十里之國四百，五十里之國八百，共一
千四百國，除二百國爲名山大川不封之地，餘有一千二百國。「八州得九千六百
國〔註132〕，其餘四百國在圻內，以《王制》之法準之〔註133〕，八州通率封公
侯百里之國一〔註134〕，伯七十里之國二，子男五十里之國四，方百里者三，
封國七十有畸。至於圻內，子男而已。」〔註135〕 <u>《禮》疏引《異義》「古《左</u>
<u>氏》說，禹會諸侯於塗山，執玉帛者萬國」，「其侯伯七十里，子男五十里，</u>
<u>餘爲天子閒田」</u>，是《左氏》說以虞夏之制爲三等。然則《王制》所謂「公侯百
里，伯七十里，子男五十里」者，虞夏制也。唯《異義》所載《左氏》說，以公
百里，侯與伯七十里爲異耳。而虞夏之爵有五者，《舜典》云「輯五瑞」〔註136〕，
《史記》注引馬注云：「五瑞，公侯伯子男所執以爲瑞信也。」〔註137〕又云「修
五禮」，《公羊》疏引鄭注云：「公侯伯子男之禮也。」〔註138〕是也。若殷家，
則《王制》云：「州建百里之國三十，七十里之國六十，五十里之國百有二十，
凡二百一十國。」又云：「天子之縣內，方百里之國九，七十里之國二十一〔註

虞書‧益稷》改。

〔註130〕「玉帛」，底本、稿本、清抄本、淮南本同，《尚書‧虞書‧益稷》疏「玉帛」
下有「者」字。中華本已補。

〔註131〕「則千」，底本、稿本、清抄本、淮南本同，《尚書‧虞書‧益稷》疏「則」
下有「州」字。中華本已補。

〔註132〕「得」，底本、稿本、清抄本、淮南本、中華本同，《尚書‧虞書‧益稷》疏
作「凡」。

〔註133〕「以」，底本、稿本、清抄本、淮南本、中華本同，《尚書‧虞書‧益稷》疏
作「與」。

〔註134〕「國一」，底本、稿本、清抄本、淮南本、中華本同，《尚書‧虞書‧益稷》
疏「一」上有「者」字。

〔註135〕「子男」，底本、稿本、清抄本、淮南本同，《尚書‧虞書‧益稷》疏「子」
上有「則」字。中華本已補。

〔註136〕「舜典」，底本、稿本、清抄本、淮南本、中華本誤作「堯典」，據《尚書‧
舜典》改。

〔註137〕「爲信」，底本、稿本、清抄本、淮南本、中華本脫此字，《史記‧五帝本紀》
注引「信」上有「瑞」字。

〔註138〕「之禮」，底本、稿本、清抄本、淮南本、中華本同，《公羊傳‧隱公八年》
疏「之」上有「朝聘」二字。

〔註139〕「二十一」，底本、稿本、清抄本、淮南本、中華本同，《禮記‧王制》「一」

139〕，五十里之國六十三〔註 140〕，凡九十三。」又云：「凡九州千七百七十三國。」此其殷制亦土三等也。至周制，鄭氏則據《周禮・司徒》之制，謂武王時仍循殷制，至成王，周公大斥土境，定爲公五百，侯四百，伯三百，子二百，男一百里。是爵五等，而土亦五等。閻氏若璩《釋地又續》云：「《孟子》一則公侯皆方百里，再則大國地方百里。證以周公、太公，其封齊魯，不過各方百里耳〔註 141〕。而孟子時，魯地且五倍之，以爲有王者作，魯必在所削〔註 142〕，安得成王封周公於曲阜，地方七百里之說哉？爲此說者，乃《明堂位》篇中多誣，不可勝舉。余嘗上稽《周易》『雷聞百里』，公侯國制，厥象取此。下徵《魯頌》『公車千乘』〔註 143〕，惟百里國數適相應。子產曰：『昔天子之地一圻，列國一同。』同，方百里也。今晉地多數圻矣，皆侵小。故管仲曰：『昔賜我先君履，南至於穆陵，北至於無棣。』穆陵，山名，今在沂水縣。無棣，溝名，今爲海豐、慶雲二縣，南北相距七百里，亦應是後來侵小所至也。」〔註 144〕《白虎通》於上云「殷爵三等，周爵五等」，於此又云爵變而土獨不變，則班氏以周制亦三等定土〔註 145〕，古《周禮》說時未盛行，《王制》當時正立學官，又證以《孟子》，故班氏從之焉。蓋爵者所以榮人，故爲文。地者所以食人，故爲質焉。**王者有改道之文，無改道之實。**《漢書・董仲舒傳》：「故王者有改制之名，亡變道之實。」下《三正》篇亦云：「王者有改道之文，無改道之實。」

上有「有」字。
〔註 140〕「六十三」，底本、稿本、清抄本、淮南本、中華本同，《禮記・王制》「三」上有「有」字。
〔註 141〕「各」，底本、稿本、清抄本、淮南本脫此字，據《四書釋地又續三・魯地七百里》補。中華本已補，今從之。
〔註 142〕「削」，底本、稿本、清抄本、淮南本、中華本同，《四書釋地又續三・魯地七百里》作「損」。
〔註 143〕「公」，稿本、清抄本作「革」，淮南本作「黃」，《四書釋地又續三・魯地七百里》作「革」，中華本改作「革」。今按：《毛詩・魯頌・閟宮》作「公」，當從底本作「公」，是。
〔註 144〕「也」，底本、稿本、清抄本、淮南本、中華本同，《四書釋地又續三・魯地七百里》無此字。
〔註 145〕「土」，底本、稿本、清抄本、中華本同，淮南本誤作「士」。中華本正作「土」，未出校。

並用今文《春秋》說也。**殷家所以令公居百里，侯居七十里，何也？封賢極於百里，其改也，不可空退人，示優賢之意，欲襃尊而上之。**《王制》：「州建百里之國三十，七十里之國六十，五十里之國百有二十。」注：「立大國三十，十三公也。立次國六十，十六卿也。立小國百二十，十二小卿也。」《孟子》云：「天子之卿受地視侯，大夫受地視伯。」以此推之，知天子之上公視公。然則公大國百里，侯次國七十里，伯小國五十里矣。周氏柄中《辨正》云：「《王制》：『天子三公之田視公侯，天子之卿視伯，天子之大夫視子男。』與《孟子》不合，當以《孟子》爲正。」案《王制》所言乃虞夏之制，《孟子》所云與殷制合也。「改」舊訛「政」，依盧校改。此語義不明，蓋謂夏制公侯同百里，殷改侯爲七十里，因欲尊公而上之，故退侯於下。不可空退人，故又改百里爲七十里也。**何以知殷家侯不過七十里？曰：土有三等〔註146〕，有百里，七十里，有五十里。其地半者其數倍，制地之理體也，多少不相配。**盧云：「『其數倍』似當作『其附庸數倍』，末句疑當作『多少亦相配』。」又舊『侯』下，衍『人』字。『七十里』下，衍『者也』字，『土』誤作『士』〔註147〕，又衍『上』字，依盧據《御覽》刪。案此語意亦不明，意當謂侯爵多於公，伯子男多於伯，爲其地半，故其數倍，故爲制地之理體也。知半者，《王制》疏引《援神契》云：「其七十里者倍減於百里，五十里者倍減於七十里。故《孝經》云『德不倍者不異其爵，功不倍者不異其土。故轉相半倍優劣。」〔註148〕按以《王制》開方計之，方百里者，爲方百里者百，是爲萬里。方七十里者，七七四千九百里。方五十里者，五五二千五百里。故方七十里者，半於方百里。方五十里者，半於方七十里。而州建百里之國三十，七十里之國六十，五十里之國百二十，是其數倍也。

右論制爵五等三等之異

〔註146〕「土」，底本、稿本、清抄本、中華本同，淮南本誤作「士」。中華本正作「土」，未出校。

〔註147〕「土」，底本誤作「上」，據盧校本注、稿本、清抄本、淮南本、中華本改。

〔註148〕「倍」，底本，稿本、清抄本、淮南本、中華本作同，《禮記·王制》疏引作「別」。中華本出校，但未改原文。

公卿大夫何謂也？內爵稱也。《喪服傳》注：「爵謂天子、諸侯〔註149〕、卿、大夫、士也。」《太宰》「一曰爵」，注：「爵謂公、侯、伯、子、男、卿、大夫、士也。」《司儀》注：「爵，卿也，大夫也，士也。」《士相見》注：「異爵謂卿大夫也。」〔註150〕是內臣亦稱爵也。內爵稱公卿大夫何？爵者，盡也。各量其職，盡其才也。《廣韻》：「爵，量也。量其職，盡其才。」隱元年《左傳》：「未王命，故不書爵。」疏引服注云：「爵〔註151〕，醮也。所以醮盡其材也。」醮亦訓爲盡。《荀子‧禮論篇》：「利爵之不醮也。」注：「醮，盡也。」醮與釂音義同。《曲禮》「長者舉未釂」，注：「盡爵曰釂。」是也。案爵本酒器。《說文》：「爵，禮器也。」《毛詩》疏引《韓詩》說曰：「爵，盡也，足也」，亦取盡意。因引申爲爵秩之字，以並取乎盡意也。爵、盡雙聲爲訓。「內爵稱」三字舊作「曰」字，盧據《御覽》改。《王制》疏引作「所以盡人才也」。公之爲言公正無私也。義見上。此謂天子上公也。《典命》：「王之三公八命。」《獨斷》云：「三公者，天子之相。」卿之爲言章也，章善明理也。「章也」二字，舊脫。據《孝經》疏補。《廣雅‧釋言》：「卿，章也。」《說文‧卯部》：「卿，章也。六卿，天官冢宰，地官司徒，春官宗伯，夏官司馬，秋官司寇，冬官司空。從卯，皀聲。」卿、章疊韻爲訓。《王制》疏引作「卿之言嚮也，爲人所歸嚮」，亦取義於疊韻也。大夫之爲言大扶，扶進人者也。舊脫一「扶」字，盧據《孝經》、《御覽》補。下《五行》篇云：「大者，大也。」《嫁娶》篇云：「夫者，扶也。」《廣雅‧釋詁》云：「大夫，君也。」大夫即卿大夫之總號，對文則卿爲上大夫，大夫爲下大夫，散則卿亦謂之大夫。故《春秋》之例，皆稱大夫也。《王制》疏引作「大夫者，達人。謂扶達於人」也。故傳曰：「進賢達能，謂之卿大夫。」《說苑‧修文》篇：「進

〔註149〕「諸侯」，底本，稿本、清抄本、淮南本、中華本脫此二字，據《儀禮‧喪服》注補。
〔註150〕「夫」下，底本、稿本、清抄本、淮南本、中華本有「士」字，衍，據《儀禮‧士相見》刪。
〔註151〕「爵」，底本、稿本、清抄本、淮南本、中華本同，《左傳‧隱公元年》此字下有「者」。

賢達能謂之大夫。」〔註152〕蓋當時《書傳》有此語，故各引用也。《孝經》云：「蓋卿大夫之孝也。」《禮記》疏引鄭注云：「張官設府謂之卿大夫。」**《王制》曰：「上大夫，卿。」**《大戴記・盛德》篇云：「三少皆上大夫也。」案太師、太傅、太保爲三公。三少下於三太一等，明指卿也。《王制》又云「諸侯之下大夫倍上士，卿四大夫祿，次國之卿三大夫祿，小國之卿倍大夫祿」。下大夫之上即爲卿，故知「上大夫，卿」也。江氏永《鄉黨圖考》云「案卿與大夫，《春秋》皆謂之大夫。分言之，卿爲上大夫，其大夫皆爲下大夫也。諸侯三卿：司徒、司馬、司空。就三卿分之，司徒執政一人爲上卿，亦曰家卿。其餘爲下卿，亦曰亞卿、介卿。總之皆爲上大夫。如杜洩之言季孫恒爲司徒，叔孫爲司馬，孟孫爲司空。故三卿並將，經書季孫斯、叔孫州仇、仲孫何忌，是其次也。孔子爲司寇，下大夫，當時與上大夫言，與卿言，與下大夫言，與其同列言也。然魯自成、襄以來，有四卿，叔肸之後爲叔氏，皆書於經。蓋三卿之外，又有小卿，亦上大夫也」。**士者，事也。任事之稱也。**《詩・褰裳》「豈無他士」，《祈父》「予王之爪士」，傳並云：「士，事也。」《繁露・察名號》篇：「士者，事也。」《祭統》「作率慶士」〔註153〕，注：「士之言事也。」《假樂》「百辟卿士」，箋云：「卿士，卿之有事者。」〔註154〕《北山》「偕偕士子」，傳：「士子，有王事者。」〔註155〕《說文》：「士，事也。數始於一，終於十，從一十〔註156〕。孔子曰『推十合一爲士』。」皆以士爲事也。「士」又作「仕」，《曲禮》「前有士師」，注：「士或爲仕。」《四月》「盡瘁以仕」，箋：「仕，事也。」《表記》注：「仕之言事也。」《文王有聲》「武王豈不

〔註152〕「之」下，底本、稿本、清抄本、淮南本、中華本有「卿」字，衍，據《說苑・修文》刪。

〔註153〕「慶」，底本、稿本、清抄本、淮南本、中華本誤作「處」，據《禮記・祭統》改。

〔註154〕「者」，底本、稿本、清抄本、淮南本、中華本同，《毛詩・假樂》箋作「也」改。

〔註155〕「事者」，底本、稿本、清抄本、淮南本、中華本同，《毛詩・北山》傳「者」下有「也」字。

〔註156〕「一十」，底本、稿本、清抄本、淮南本同。今按：《說文解字・士部》「一」下有「從」字。中華本已補。而《說文解字注・士部》無「從」，作「從一十」。

仕」，傳亦云「仕，事」也。《荀子・修身篇》「好法而行〔註157〕，士也」，注：「士，事也。謂能治其事也。」《堯問》注又云：「士謂臣下掌事者。」以士、仕爲事，皆疊韻爲訓也。**故傳曰：「通古今，辯然否，謂之士。」**《說苑・修文》篇：「辯然〔註158〕，通古今之道謂之士。」《繁露・服制》篇〔註159〕：「夫能通古今，別然否〔註160〕，乃能服此也。」《玉篇・士部》引傳曰：「通古今，辯然不謂之士。」〔註161〕**何以知士非爵？**《禮・士相見》、《喪服傳》、《太宰》、《司儀》注並以士爲爵，與此不同。《檀弓》云「士之有誄」，注：「殷大夫以上爲爵。」則周時以士爲爵也。班氏所言，蓋據夏殷制。**《禮》曰「四十強而仕」，不言「爵爲士」。**此《曲禮》文也。何允中本「仕」作「士」。古仕、士字通，疑班所據《禮》本亦作「士」。蓋謂四十始仕爲士也。況《曲禮》言「五十始服官政」，則「強而士」異乎「服官政」明矣。**至五十爵爲大夫。**《郊特牲》：「古者五十而后爵，何大夫冠禮之有？」注：「言年五十乃爵爲大夫也。」《曲禮》：「五十曰艾，服官政。」是大夫始爲爵也。又《王制》云「五十而爵」，注：「賢者命爲大夫。」以《王制》殷禮故也。若然，《喪服・小功》章注「大夫爲昆弟之長殤」〔註162〕，五十爲大夫，復有長殤之兄者，蓋謂有賢德之人則不限常格，得早爲大夫也。舊「夫」下，衍一「何」字。又誤置「何以知士非爵」句於此，今依盧校正。**何以知卿爲爵也？以大夫知卿亦爵也。何以知公爲爵也？**《春秋》傳曰：「諸侯四佾，諸公六佾。」合而言之，以是知公卿爲爵。隱五年《公羊傳》云：「天子八佾，諸公六，諸侯

〔註157〕「法」，底本、稿本、清抄本、淮南本、中華本誤作「德」，據《荀子・修身篇》改。
〔註158〕「然」下，底本、稿本、清抄本、淮南本、中華本有「否」，衍，據《說苑・修文》刪。
〔註159〕「繁露服制篇」，底本、淮南本、中華本同，稿本、清抄本作「繁露服制云」。今按：當爲「服制像」。陳立引文出自《春秋繁露・服制像》。
〔註160〕「否」，底本、稿本、清抄本、淮南本、中華本同，《春秋繁露》作「不然」。
〔註161〕「然不」，底本、稿本、清抄本、淮南本、中華本同，《玉篇・士部》作「不然」。
〔註162〕「注」，底本、稿本、清抄本、淮南本、中華本脫此字，據《儀禮・喪服・小功章》補。

四。」是也。**內爵所以三等何？亦法三光也。所以不變質文何？內者為本，故不改內也。**此據諸侯臣卿、大夫、士爵三等言也。若天子，則公一等，孤卿一等，大夫一等，士一等，差於外爵止四等。《周禮·序官》所載，有卿，有中大夫、下大夫、上士、中士、下士。蓋以卿當上大夫也。沈氏彤《周官祿田考》〔註163〕：「周天子具六官，官之爵六等〔註164〕：曰公、曰孤卿、曰中大夫、下大夫〔註165〕、曰上士、曰中士、曰下士。庶人在官者屬焉。」是也。其實分言之〔註166〕，則公一、孤一、卿一、中大夫一、下大夫一、上士一、中士一、下士一，凡八等。合言之，則公一、孤卿一、大夫一、士一，止四等也。」**諸侯所以無公爵者，下天子也。故《王制》曰：「上大夫、下大夫、上士、中士、下士，凡五等。」此謂諸侯臣也。**今《王制》「上大夫」下，有「卿」字。案彼鄭注云：「上大夫曰卿。」若正文已有「卿」字，則注為贅語，疑鄭所據本與此同，無「卿」字也。諸侯之臣無公爵，其自孤以下，唯上公之國得備之，故《周禮·典命》有「公之孤四命」也。而《春秋》晉為侯爵，有太傅陽子，太師賈佗，又士會將中軍，且為太傅者，蓋亦三孤之職。晉為伯主，多置羣友，不能如禮也。然《春秋》亦止稱大夫，故晉殺陽處父，經書「大夫」也。何者？孤、卿同等。故《典命》言「王之三公八命，其卿六命」，不別言三孤命數，則并孤於卿明矣。《大戴·盛德》篇云：「三少皆上大夫也。」〔註167〕**大夫但有上、下，士有上、中、下何？明卑者多也。**「士有上、中、下」五字舊脫，盧補。《王制》疏云：「士既命同，而分為三等者，言士職卑德薄，義取漸進，故細分為三。卿與大夫德高位顯，各有別命，不復細分也。」而襄十一年《公羊傳》云「古者上士、下士」者，蓋周初侯伯國之制歟？焦

〔註163〕「祿田」，底本、稿本、清抄本、淮南本、中華本誤作「田祿」，據《周官祿田考·官爵數》乙。

〔註164〕「官」，底本、淮南本、中華本同，據《周官祿田考·官爵數》及稿本、清抄本補。

〔註165〕「下」上，底本、稿本、清抄本、淮南本、中華本有「曰」，衍，據《周官祿田考·官爵數》刪。今按：此言六等，若有此「曰」字，則七等矣。

〔註166〕「言之」，底本、稿本、清抄本同，淮南本、中華本「言」下有「者」字。

〔註167〕今按：陳氏欲證卿與孤同，此語義不明，當補入「注：『卿也，謂之孤也。』」

氏循《孟子正義》云：「惟子男不當有中士耳。」「若子男而有中士，則田祿不皆以四爲差，而國亦不足於用矣。」未知所據。**爵皆一字也，大夫獨兩字何？《春秋傳》曰：「大夫無遂事。」以爲大夫職在之適四方，受君之法，施之於民，故獨兩字言之。**《公羊》僖三十年傳文也。彼云：「大夫無遂事。此其言遂何？公不得爲政爾。」何注：「不從公政令也。時見使如京師而橫生事，矯，君命聘晉，故疾其驕蹇自專，當絕之。」〔註168〕是大夫之適四方，俱宜受君之法，非然，則自專當罪也。**或曰：大夫，爵之下者也。稱大夫，明從大夫以上受下施，皆大自著也。**此亦據夏、殷制也。周則士亦爲爵，不得以大夫爲爵之下矣。**天子之士獨稱元士何**〔註169〕**？士賤，不得體君之尊，故加元以別於諸侯之士也。《禮經》曰「士見於大夫」，諸侯之士也。《王制》曰：「王者八十一元士。」**舊無「於」字，盧據《御覽》補。《王制》注云：「元，善也。善士謂命士也。」疏云：「天子之士所以稱元者，異於諸侯之士也。」蓋周制天子上士三命，中士再命，下士一命，故稱元士。公侯伯之士，雖一命亦不得稱元也。**天子爵連言天子，諸侯爵不連言王侯何？卽言王侯，以王者同稱，爲衰弱僭差生篡弒，猶不能爲天子也。故連言天子也。**「以王者同稱」，盧云：「『以』猶『與』。」言諸侯與王者並稱，則生覬覦之漸，所以嚴名分之辨，猶孤卿大夫朝天子東西面，三公則抑之使北面。「猶不能爲天子也」二句，文有訛脫。「卽」字，疑誤。**或曰：王者天爵，王者不能王諸侯，故不言王侯。諸侯人事自著，故不著也。**盧云：「『故不著也』，疑當作『故不著王也』。」案《春秋》之義，貴賤不嫌同詞，又王人雖微，必序於諸侯之上，所以別嫌明疑，故諸侯不連言王侯。或說，非也。

右論天子諸侯爵稱之異

〔註168〕「當絕之」，底本、稿本、清抄本、淮南本、中華本誤作「之當絕」，據《公羊傳・僖公三十年》何休注乙。

〔註169〕上「士」，底本、元大德本、元刻本、盧校本同。稿本、清抄本、淮南本誤作「子」。中華本已正，今從之。

－255－

　　王者太子亦稱士何？舉從下升，以爲人無生得貴者，莫不由士起。是以舜時稱爲天子，必先試於士。《禮·士冠經》曰：「天子之元子，士也。」《王制》云「諸侯世子世國，未賜爵，視天子之元士，以君其國」。天子、諸侯之制同，已成君，未賜爵，猶同於士，則未稱君者，亦稱士明矣。《公羊》僖五年傳注「自王者言之，以屈遠世子在三公下。《禮·斬衰》章曰：『公士大夫之眾臣。』」是也。是太子稱士焉。

　　右論王者太子稱士

　　婦人無爵何？陰卑無外事。是以有三從之義：未嫁從父，既嫁從夫，夫死從子。《列女傳·母儀》篇一：「孟母曰：『夫婦人之禮，精五飯，羃酒漿，以養舅姑〔註170〕，縫衣裳而已矣。故有閨內之修，而無境外之志。《易》曰：『无攸遂，在中饋。』〔註171〕《詩》曰：『無非無儀，惟酒食是議。』言婦人無擅制之義，〔註172〕而有三從之道也。故年少則從乎父母，出嫁則從乎夫，夫死則從乎子也。』」〔註173〕故夫尊於朝，妻榮於室，隨夫之行。故《禮·郊特牲》曰：「婦人無爵，坐以夫之齒。」《通典》引《五經通義》云〔註174〕：「婦人以隨從爲義，故夫貴於朝〔註175〕，妻榮於室。」〔註176〕此篇及下《謚》篇，並以夫人無爵、無謚爲正解，而附載夫人有爵、謚之異說也。《禮》曰：「生無爵，死無謚。」《春秋》錄夫人皆有謚，

〔註170〕「以」，底本、稿本、清抄本、淮南本同，《列女傳·母儀》無此字。

〔註171〕「无攸」至「中饋」，底本、稿本、清抄本、淮南本、中華本同，《列女傳·母儀篇》引作「在中饋，无攸遂」。

〔註172〕「言婦」，底本、稿本、清抄本、淮南本同，《列女傳·母儀篇》「言」上有「以」字。

〔註173〕「子也」，底本、稿本、清抄本、淮南本、中華本同，《列女傳·母儀篇》「子」下有「禮」。

〔註174〕「通」，底本、稿本、清抄本、淮南本、中華本誤作「異」，據《通典·禮·凶·皇后謚及夫人謚議》引改。

〔註175〕「故」，底本、稿本、清抄本、淮南本、中華本同，《通典·禮·凶·皇后謚及夫人謚議》引無此字。

〔註176〕「妻榮」，底本、稿本、清抄本、淮南本、中華本同，《通典·禮·凶·謚及夫人謚議》引作「婦貴」。

何以知夫人非爵也？《論語》曰：「邦君之妻，君稱之曰夫人，國人稱之曰君夫人。」**卽**令是爵，君稱之與國人稱之不當異也。此據夫人有諡，以難婦人無爵也。舊作「夫人何以知非爵也」，誤。

右論婦人無爵

庶人稱匹夫者，匹，偶也。與其妻爲偶，陰陽相成之義也。皇侃《論語義疏》引云：「匹夫匹婦者，謂庶人也。言其無德及遠，但夫婦相爲匹偶而已。」〔註177〕《詩・文王有聲》云「作豐伊匹」〔註178〕，傳：「匹，配也。」《禮・三年問》云「失喪其匹」〔註179〕，注：「匹，偶也。」《孟子・梁惠王》注「匹夫，一夫」者，以其與「妻」相對，則訓爲「偶」；以與「衆人」相對，故匹又訓爲「獨」。《公羊》僖三十三年「匹馬隻輪無反」，注「匹馬謂一馬」〔註180〕，是也。一夫一婦成一室。《意林》引《風俗通》云：「《論語》曰『匹夫匹婦』，傳曰：『一晝一夜成一日，一男一女成一室。』案古人作衣用二匹〔註181〕，今人單衣，故稱匹夫。」〔註182〕案「匹」止取「匹偶」之義，應劭說傅會。明君人者，不當使男女有過失時無匹偶也〔註183〕。故《論語》曰〔註184〕：「匹夫匹婦。」《毛詩・序》：「桃夭〔註185〕，后

〔註177〕「匹偶」，底本、稿本、清抄本、淮南本、中華本同，《論語義疏・憲問》引作「配匹」。

〔註178〕「文」，底本、稿本、清抄本同，淮南本誤作「又」。中華本已正，未出校。

〔註179〕「其匹」，底本、稿本、清抄本、淮南本、中華本同，《禮記・三年問》「其」下有「羣」字。

〔註180〕「謂」，底本、稿本、清抄本、淮南本、中華本同，《公羊傳・僖公三十三年》無此字。

〔註181〕「古人作」，底本、稿本、清抄本、淮南本、中華本同，《意林》「人」下有「男女」二字。「匹」，底本、稿本、清抄本、淮南本、中華本同，《意林》作「疋」。今按：疋」爲量詞，用於整的綢、布等。陳立蓋釋「匹」而改字。

〔註182〕「稱」，底本、稿本、清抄本、淮南本、中華本同，《意林》作「言」。

〔註183〕「失」，底本、稿本、清抄本、淮南本同，元大德本、元刻本、盧校本無此字。中華本刪此字。

〔註184〕「故」，底本、盧校本、稿本、清抄本、淮南本、中華本同，元大德本、元刻本無此字。

〔註185〕「夭」，底本、稿本、清抄本同，淮南本誤作「天」。中華本已正，未出校。

妃之所致也。不妒忌，則男女以正，婚姻以時，國無鰥民也。」又云：「摽有梅，男女及時也。召南之國，被文王之化，男女及時也。」〔註186〕《周禮・媒氏》云：「使男女無夫家者會之。」〔註187〕即不使男女失時之意也。舊引《論語》連「之爲諒也」四字，盧據《禮器》正義所引無。

右論庶人稱匹夫

爵人於朝者，示不私人以官，與眾共之義也。《說苑・談叢》篇〔註188〕：「爵人於朝，論人於市，古之通法也。」《御覽》引《司馬法》云：「夏賞於朝，貴善也。殷戮於市，威不善也。周賞於朝，戮於市，勸君子，威小人也。」〔註189〕則周之爵人亦宜於朝。《王制》疏專以「爵人於朝」爲殷法，恐非。**封諸侯於廟者，示不自專也。明法度皆祖之制也。舉事必告焉。**《王制》曰：「**爵人於朝，與眾共之焉。**」〔註190〕《詩》曰〔註191〕：「王命卿士，南仲太祖。」《禮・祭統》曰「古者明君，**爵有德必於太祖，君降立於阼階南，南向，所命北面，史由君右執策命之**」。《禮・祭統》云：「古者明君，爵有德而祿有功，必賜爵祿於太廟，示不敢專也。故祭之日，一獻，君降立於阼階之南，南鄉。所命北面，史由君右執策命之〔註192〕，再拜稽首，受書以歸而舍奠於其廟，此爵賞之施也。」

〔註186〕「女及」，底本、稿本、清抄本、淮南本同，《毛詩・摽有梅》「女」下有「得以」二字。

〔註187〕「使」，底本、稿本、清抄本、淮南本、中華本同，《周禮・媒氏》作「司」。「女無」，底本、稿本、清抄本、淮南本、中華本同，《周禮・媒氏》「無」上有「之」字。「者會」「而」，底本、稿本、清抄本、淮南本、中華本同，《周禮・媒氏》「會」上有「而」字。

〔註188〕「談叢」，底本、稿本、清抄本、淮南本、中華本作「叢說」，據《說苑》改。「篇」，底本、淮南本、中華本同，稿本、清抄本作「云」。

〔註189〕「威」，底本、稿本、清抄本、淮南本、中華本同，《太平御覽・兵部一・敘兵上》引作「懼」。

〔註190〕「焉」，底本、稿本、清抄本、淮南本、中華本同，元大德本、元刻本、盧校本作「也」。

〔註191〕「曰」，底本、稿本、清抄本、淮南本、中華本同，元大德本、元刻本、盧校本作「云」。

〔註192〕「由」，底本、稿本、清抄本同，淮南本、中華本誤作「出」。今按：《禮記・

《書・洛誥》：「烝祭歲，文王騂牛一〔註193〕，武王騂牛一。王命作冊，逸祝冊，惟告周公其後，是封必於廟也。」盧云：「『衆』，當據本書作『士』，『太祖』本作『太廟』，『自專』，『自』一作『敢』。」《詩》見《常武》篇，毛傳「王命南仲於太祖」，與此合。鄭氏以南仲爲文王時武臣，云：「乃用其以南仲爲太祖者，今太師皇父是也。」義似迂曲，彼疏引孫毓《異同評》云「宣王之大將，復字南仲，傳無聞焉。且古之命將皆於禰廟，未有於太祖后稷之廟者〔註194〕，箋義爲長」。然《祭統》明云「爵有德必於太祖」〔註195〕，又如《左傳》隱十一年鄭伯「授兵於太宮」，安見命將必於禰廟也？

右論爵人於朝封諸侯於廟

大夫功成未封而死，不得追爵賜之者，以其未當股肱也。《春秋穀梁傳》曰：「追錫死者，非禮也。」此今文《春秋》說也。《通典》引《五經異義》云：「《春秋公羊》、《穀梁》說，王使榮叔錫魯桓公命，追錫死者，非禮也。死者功可追而錫，如有罪又可追而刑耶。《春秋左氏》說譏其錫篡弒之君〔註196〕，無譏錫死者之文也。」案此文所引《穀梁傳》，今原書無，此語蓋亦《穀梁》說也。**《王制》曰：「葬從死者，祭從生者。」所以追養繼孝也。**今《王制》作「喪從死者」，鄭注云：「從死者謂衣衾棺槨，從生者謂奠祭之牲器。」本疏引盧植注云：「從生者謂除服之後，吉祭之時，以子孫官祿祭其父祖，故云從生者。若喪中之祭，虞祔練祥仍從死者之爵。」又引或說云：「在喪中祭尚從死者爵〔註197〕，至吉祭乃用生者祿耳。」

〔註193〕「王」，底本、稿本、清抄本同，淮南本誤作「三」。中華本已正。
〔註194〕「太祖后稷」，底本、稿本、清抄本、淮南本、中華本同，《毛詩》疏引作「后稷太祖」。
〔註195〕「太祖」，底本、稿本、清抄本、淮南本、中華本同，《禮記・祭統》作「太廟」。
〔註196〕「說」，底本、稿本、清抄本、淮南本、中華本同，《通典・禮・嘉・追錫命議》引無此字。
〔註197〕「尚」，底本、稿本、清抄本、淮南本誤作「當」，據《禮記・王制》疏改。中華本已正，今從之。

盧與或說皆以祭從生者指除服之後，鄭氏言祭從生者包有喪中之祭。或據《小記》以難鄭氏云「《小記》『士祔於大夫則易牲』，又云『其妻，爲大夫而卒而后其夫不爲大夫，而祔於其妻，則不易牲』。又《雜記》云：『上大夫之虞也，少牢，卒哭成事，祔皆太牢。下大夫之虞也，特牲，卒哭成事祔皆少牢。』則是喪中之祭仍從死者之禮，若生者有爵，則祭從生者之法。喪祭尚爾，喪後吉祭可知。」案班氏所據《王制》本正作「葬從死者」，是專指「衣衾棺槨」，可知。**葬從死者何？子無爵父之義也。《禮·中庸》記曰：「父爲大夫，子爲士，葬以大夫，祭以士。子爲大夫，父爲士，祭以大夫，葬以士」也。**子無爵父之義，《春秋》三傳家說各微異。《通典》引《異義》云「《公羊》說，士庶起爲人君，母不得稱夫人〔註198〕。父母者，子之天也，子不得爵命父母。至於妾子爲君，得爵其母〔註199〕，以妾本接事尊者」，《穀梁》說雖妾子亦不得尊其母稱夫人，《左氏》則謂母以子貴。許愼謹案「舜爲天子，瞽瞍爲士，明起於士庶者〔註200〕，子不得爵父母也。至於魯僖本妾子，尊成風爲小君〔註201〕，用《公羊》、《左氏》義」〔註202〕。案葬從死者，祗宜施於大夫士。若天子、諸侯，但不得追爵祖父耳。至喪葬之事，亦宜從權。<u>《曲禮下》云「已孤暴貴，不爲父作諡」，注：「子事父無貴賤。」今葬禮而從子，如鄙父之賤然，當亦謂公、卿、大夫也。</u>《通典》引《鄭志》云：趙商以周追王太王以下，與《曲禮》文違，議而未決，鄭答以周家王迹起於太王，若禹湯則不追尊也。是則天子不得追尊布衣之祖父，故漢祖但尊父太公，曰太上皇也。至如諸侯，但於入承大統，亦不得追尊本親。故《師丹傳》，丹議

〔註198〕「母不」，底本、稿本、清抄本、淮南本、中華本同，《通典·禮·嘉·諸侯崇所生母議》引「母」下有「亦」字。

〔註199〕「得」，底本、稿本、清抄本、淮南本、中華本同，《通典·禮·嘉·諸侯崇所生母議》引無此字。

〔註200〕「士」，底本、稿本、清抄本、淮南本、中華本同，《通典·禮·嘉·諸侯崇所生母議》引作「匹」。

〔註201〕「尊成」，底本、稿本、清抄本、淮南本、中華本同，《通典·禮·嘉·諸侯崇所生母議》引「尊」下有「母」字。

〔註202〕「用公」至「氏義」，底本、稿本、清抄本、淮南本、中華本同，《通典·禮·嘉·諸侯崇所生母議》引作「經無識文，《公羊》、《左氏》義，是也」

定陶「共皇長爲一國太祖，萬世不毀，恩義已備，陛下既繼體先帝，持重大宗，承宗廟天地社稷之祀，義不得復奉定陶共皇祭入於廟。今欲立廟於京師，而使臣下祭之，是無主也」，是也。然至位爲天子、諸侯，若仍葬從死者之義，則漢高即帝位而太上皇崩，猶葬以士庶之禮，似亦子孫所不忍，臣下所不安也。若然，則禮父爲士，子爲天子，祭以天子，其尸服以士服者，葬時之不可直以士庶之制者，禮屈於情，一時之權也。至祭時，乃人子之常事，而尸則死者之所憑，又不可服以天子之服，則仍依父生時之制也。

右論追賜爵

父在稱世子何？繫於君也。《通典》禮五十三引「繫」作「厭」，非。此以下皆今文《春秋》說也。《公羊》僖五年傳「曷爲殊會王世子？世子，貴也。世子，猶世世子也」，注：「解貴意也，言當世父位。」時惠王在，故襄王會諸侯稱世子。凡經書陳世子欵〔註203〕、鄭世子華、齊世子光，皆父在之稱也。世子之稱，止可施於天子、諸侯。其大夫之長子，不得稱世，以大夫不世爵祿也。大子則通乎大夫之子。《服問》云「君所主夫人妻大子嫡婦」，鄭注：「言妻見大夫已下〔註204〕，亦爲此三人爲喪主。」嫡子則通於士，凡嫡妻所生謂之嫡子。士有一妻一妾故也。又士有二廟，亦取嫡嫡相承之義，至冢子則通乎庶人。《內則》「冢子則太牢」，鄭注：「冢子猶言長子，通乎下也。」〔註205〕《喪服》「父爲長子」，鄭注：「不言嫡子，通上下也。」《通典》引《異義》云：「未踰年之君，繫於父否〔註206〕？《公羊》說，未踰年之君，皆繫於父，晉里克殺其君之子奚齊。」未踰年之君，猶繫於父。則父在稱子，爲繫於君明矣。莊三十二年《公羊傳》「君存稱世子」，注：「明當世父位爲君。」是也。若然，昭十一年楚滅蔡，執世子，有非父在而稱世子者，彼注云：稱

〔註203〕「欵」，底本、稿本、清抄本同，淮南本作「款」。中華本改作「欵」，未出校。
〔註204〕「已」，底本、稿本、清抄本、淮南本、中華本同，《禮記·服問》注作「以」。
〔註205〕「乎」，底本、稿本、清抄本、淮南本、中華本同，《禮記·內則》注作「於」。
〔註206〕「繫於父否」，底本、稿本、清抄本、淮南本、中華本同，《通典·禮·兇·未踰年君稱議》作「繫父不」。今按：不、否，通假字。

世子，不與楚之滅蔡也。**父歿稱子某者何？屈於尸柩也。**莊三十二年
《公羊傳》「君薨，稱子某」，注：「名者，尸柩尚存，猶以君前臣名也。」<u>《禮·
雜記》「君薨，號稱子〔註207〕，待猶君也」，注：「謂未踰年也。雖稱子，與諸
侯朝會，待如君矣〔註208〕。《春秋》魯僖公九年，夏，葵邱之會〔註209〕，宋
襄公稱子，而與諸侯序。」</u>正義謂鄭用《左氏》之說。案《通典》引《五經
異義》云：「諸侯未踰年，出朝會與不出會何稱？《春秋公羊》說云，諸侯未
踰年不出境，在國中稱子，以王事出亦稱子，非王事而出會，同安父位，不
稱子。鄭伯伐許，是也〔註210〕，未踰年以本爵，譏不子也。《左氏》說，諸侯
未踰年，在國內稱子，以王事出則稱爵，詘於王事，不得申其私恩，鄭伯伐
許，是也。《春秋》不得以家事辭王事，諸侯蕃衛之臣，雖未踰年，以王事稱
爵。」然則《左氏》之義，惟在國內稱子，出朝會則稱爵。鄭氏《禮》注，
既引宋子以證未踰年稱子之義，則所據者《公羊》說也。又《左氏》之義，
但別既葬與未葬，未葬稱子，出會亦稱子。故僖九年，凡在喪，王曰小童，
諸侯曰子。既葬，雖未踰年，則稱君。孔氏蓋以《雜記》為未葬之稱，而鄭
氏引宋子之事，故謂為用《左氏》也。然《通典》又引鄭《駁異義》云：「昔
武王卒父業，既除喪，出至孟津之上，猶稱太子者，是為孝也。今未除喪而
出稱爵，是與武王義反矣。《春秋》僖九年，宋子即未踰年君也，出與天子大
夫會〔註211〕，是非王事而稱子耶？鄭《駁異義》既用《公羊》之說，不應《禮》
注獨宗《左氏》，《禮》疏謂其用《左氏》之說，非也。若然，宋桓公未葬，
襄公應稱子某，而止稱子者，何休注云：「宋未葬，不稱子某者，出會諸侯，
非尸柩之前，故不名。」然則非出會而稱子某者，為屈於尸柩。莊三十二年，

〔註207〕「號稱」，底本、稿本、清抄本、淮南本、中華本同，《禮記·雜記》「號」上
　　　　有「大子」二字。
〔註208〕「待」，底本、稿本、清抄本、淮南本、中華本同，《禮記·雜記》無此字。
〔註209〕「邱」，底本、稿本、清抄本、淮南本、中華本同，《禮記·雜記》作「丘」。
〔註210〕「是也」，底本、稿本、清抄本、淮南本同，《通典·禮·凶·未踰年君稱議》
　　　　引無此二字。
〔註211〕「大臣」，底本、稿本、清抄本、淮南本、中華本同，《通典·禮·凶·未踰
　　　　年君稱議》引作「大夫」。

子般卒。襄三十一年，子野卒。皆是也。**既葬稱小子者，即尊之漸也。**

《通典》無「小」、「者」字，盧以爲衍文，是也。《禮‧曲禮》「天子未除喪，曰予小子。生名之，死亦名之」，注：「謙未敢稱一人，生名之曰小子王，死亦名之曰小子王也〔註212〕。晉有小子侯，是僭取於天子號也。」然則小子之稱，唯施於天子。此釋莊三十二年《公羊傳》語。《公羊》無「小」字。又《公羊》說，諸侯之稱謂，則無「小」字，明矣。何休注云：「不名者，無所屈也。」文十八年，子惡卒，經書子卒在葬文公之後，是既葬稱子也。以漸至踰年正即位之禮，然猶未成君，故云「即尊之漸也」。齊昭公卒，未踰年，公子舍未成君，而文公十四年書「齊公子商人弒其君舍」者，《公羊傳》云「成死者而賤生者也」，注：「惡商人懷詐無道，故成舍之君號〔註213〕，以賤商人之所爲。」若《左氏》之義，未踰年即稱君，故舍書君，與《公羊》義異也。案《後漢》，安帝崩，立北鄉侯，未踰年薨。《周舉傳》：「永和元年，災異數見，省內惡之，詔召公中二千石尚書詣顯親殿問曰〔註214〕：『言事者多云，昔周公攝天子事，及薨〔註215〕，成王欲以公禮葬之〔註216〕，天爲動變，及更葬以天子之禮〔註217〕，天即有反風之應〔註218〕。北鄉侯親爲天子，而葬以王禮，故數有災異，宜加尊諡，列於昭穆。』舉獨對曰：『昔周公有請命之應，隆太平之功〔註219〕，

〔註212〕「名之」，底本、稿本、清抄本、淮南本、中華本同，《禮記‧曲禮下》注無此二字。

〔註213〕「成」，稿本、清抄本同，底本、淮南本、中華本誤作「舍」，據《公羊傳‧文公十四年》注改。

〔註214〕「召」，底本、稿本、清抄本、淮南本脫此字，據《後漢書‧周黃列傳》補。中華本已補，今從之。

〔註215〕「及」，底本、稿本、清抄本、淮南本誤作「既」，據《後漢書‧周黃列傳》改。中華本已正，今從之。

〔註216〕「公」，底本、稿本、清抄本、淮南本脫此字，據《後漢書‧周黃列傳》補。中華本已補，今從之。

〔註217〕「葬」，底本、稿本、清抄本、淮南本脫此字，據《後漢書‧周黃列傳》補。中華本已補，今從之。

〔註218〕「天」，底本、稿本、清抄本、淮南本、中華本同，《後漢書‧周黃列傳》無此字。

〔註219〕「隆」，底本、稿本、清抄本、淮南本誤作「降」，據《後漢書‧周黃列傳》改。中華本已正，今從之。

故皇天動威，以彰聖德〔註220〕。北鄉侯本非正統，姦臣所立，立不踰歲，年號未改，皇天不祐，大命天昏，《春秋》王子猛不稱崩，魯子野不書葬。』」是亦用《公羊》立不踰歲，不成爲君之義也。若然，桓十一年，鄭忽出奔衛，既葬矣，而猶稱名者，《公羊傳》云：「伯、子、男一也，詞無所貶。」〔註221〕何注直以喪降稱名，無餘罪致貶。然則鄭本伯爵，與子無異，不嫌其降，故仍稱名，以見在喪也。**踰年稱公者，緣臣民之心不可一日無君也**〔註222〕。文九年《公羊傳》：「以諸侯之踰年即位，亦知天子之踰年即位也。以天子三年然後稱王，亦知諸侯於其封內三年稱子。」注：「俱繼體，其禮不得異，各信恩於其下。」鄭注《坊記》引《春秋傳》曰：「諸侯於其封內，三年稱子，至其臣子，踰年則謂之君矣。」鄭用《公羊》之說，則《公羊》家以踰年稱君者，臣子之詞。故奚齊於僖九年死，時獻公卒未踰年，故書「弑其君之子奚齊」〔註223〕，卓子於十年死，則稱君也。若孝子未除喪則猶稱子，故周襄王於文八年崩，至文九年，毛伯來求金，頃王不稱使。《公羊傳》云：「何以不稱使？當喪未君也。踰年矣，何以謂之未君矣〔註224〕？即位矣，而未稱王也。」是也。若然，襄二十九年「吳子使札來聘」，時未踰年，而已稱爵者，賢季子，故錄之也。又內諸夏而外四夷，不必備責之也。若《左氏》以未踰年即得稱爵，則踰年後，無論臣子稱君與君之自稱，皆得稱爵矣。桓十三年衛惠公稱侯，成三年宋共公稱公，衛定公稱侯，此并先君未葬。《曲禮》

〔註220〕 「彰」，底本、稿本、清抄本、淮南本、中華本同，《後漢書·周黃列傳》作「章」。

〔註221〕 「詞」，底本、稿本、清抄本、淮南本、中華本同，《公羊傳·桓公十一年》作「辭」。

〔註222〕 「臣民」，底本、稿本、清抄本、淮南本同，盧校本作「民臣」。元大德本、元刻本、明刻本、程本「民」下無「臣」字。盧校：「『民臣』舊倒，《公羊傳》本作『民臣』，《通典》避諱作『人臣』。」孫云：「『民』下，元本、葛本、何本並奪『臣』字。」

〔註223〕 「弑」，底本、稿本、清抄本、淮南本、中華本誤作「殺」，據《公羊傳·僖公九年》改。今按：《春秋》微言大義，弑，下殺上之稱。

〔註224〕 「矣」，底本、稿本、清抄本、淮南本同，《公羊傳·文公九年》無此字。中華本刪此字。

疏引服虔注云：「明不失子道。」論《左氏》之義，則既葬出會，當稱本爵，而猶稱子，故杜預云：「善其成父之志，故上繫於父。」若《公羊》未踰年稱子，正合在葬之正稱也。莊三十二年何注：「緣臣民之心不可一日無君〔註225〕，故稱子某，明繼父也。」但何指既葬稱子之時，此指踰年稱公之時，其大義則同。文九年《公羊傳》云：「緣臣民之心不可一日無君。」〔註226〕是也。**緣終始之義，一年不可有二君。**《公羊》莊三十二年傳云「既葬，稱子」，何注：「緣終始之義，一年不二君，故稱子也。」《公羊》文九年傳云「緣終始之義，一年不二君」也。舊衍一「也」字，《通典》無。**故踰年即位，所以繫民臣之心也。**《公羊》文九年傳「不可曠年無君」，注：「故踰年稱公。」莊二十三年傳「踰年稱公」，何注：「不可曠年無君。」文九年何注又云：「故君薨稱子某，既葬稱子，明繼體，以繫民臣之心。」則知踰年即位之義亦同也。凡即位有二：一則，君薨之時，即嫡子主喪之位；一則，踰年即人君之位也。**三年然後受爵者，緣孝子之心，未忍安吉也。**《公羊》文九年傳「緣孝子之心，則三年不忍當也」，注：「孝子三年志在思慕，不忍當父位，故雖即位，猶於其封內三年稱子。」《論語・憲問》：「子張曰：『《書》云：高宗諒闇，三年不言。何謂也？』孔子曰：『何必高宗，古之人皆然。君薨，百官總己以聽冢宰三年。』」然則嗣君三年，然後受爵，故於封內三年稱子。若《左氏》之義，踰年已於封內稱君，則不必三年然後受爵也。《繁露》二曰：「《春秋》之法，以人隨君，以君隨天。『緣臣民之心不可一日無君』〔註227〕，一日不可無君而猶三年稱子者，為君心之非當立也〔註228〕。此非以人隨君耶？

〔註225〕「臣民」，底本、稿本、清抄本、淮南本同，據《公羊傳・莊公三十二年》注作「民臣」。中華本已正，未出校。

〔註226〕「臣民」，底本、稿本、清抄本、淮南本同，《公羊傳・文公九年》作「民臣」。中華本已正。

〔註227〕「緣」，底本、稿本、清抄本、淮南本、中華本同，《春秋繁露・玉杯》「緣」上有「曰」。「臣民」，底本、稿本、清抄本、淮南本同，《春秋繁露・玉杯》作「民臣」。中華本已正，未出校。

〔註228〕「非」，底本、稿本、清抄本、淮南本同，《春秋繁露・玉杯》作「未」。中華本已正。

孝子之心三年不當，三年不當而踰年即位者〔註229〕，與天數俱終始也。此非以君隨天耶？」故《春秋》魯僖公三十三年十二月乙巳，公薨於小寢。文公元年，春，王正月，公即位。四月丁巳，葬我君僖公。此《公羊》之義也。新君踰年，雖先君未葬，即得行即位之禮。故《通典》博士徐禪議曰：「案魯文公之書即位也，僖公未葬，蓋改元之道，宜其親告，不以喪闕。昔代祖受終，亦在諒陰〔註230〕，既正其位於天郊，必告其位成命於父祖〔註231〕。事莫大於正位〔註232〕，禮莫大於改元〔註233〕。傳曰：『元，始也，首也，善之長也。』故君道重焉。」但《公羊》以王者然後改元立號。萬氏斯大《學春秋隨筆》云：「一統天下，咸奉正朔，同軌同文，安有諸侯改元之理？即曰國自有史，亦必大書天子之年而分繫其事。」是也。博士議以即位爲改元，與《公羊》說異。《韓詩內傳》曰：「諸侯世子三年喪畢，上受爵命於天子。此當是《大雅·韓奕》章「韓侯受命」傳也。以諸侯薨，使臣歸瑞珪於天子，故嗣君除喪之後，上受爵命於天子也。禮有受命，無來錫命，故文公元年「天王使毛伯來錫公命」，文公新即位，功未足施，故《春秋》譏之也。所以名之爲世子何？言欲其世世不絕也。」此亦屬《韓詩內傳》語。《文選》注引《韓詩內傳》云「所以爲世子何？言世世不絕」也。則凡言世者，皆取其相繼不絕之意。《荀子·強國篇》「有天下者之世也」〔註234〕，注：「世謂繼也。」《吳語》「吳國猶世」，注：「世，繼世。」〔註235〕《周

〔註229〕「三年不當」，底本、稿本、清抄本、淮南本不重文，據《春秋繁露·玉杯》補，屬下讀。中華本出校未改原文。

〔註230〕「陰」，底本、稿本、清抄本、淮南本、中華本同，《通典·禮·吉·告禮》作「闇」。

〔註231〕「其位」二字，底本、稿本、清抄本、淮南本、中華本同，《通典·禮·吉·告禮》無此二字。

〔註232〕「事」，底本、稿本、清抄本、淮南本、中華本誤作「子」，據《通典·禮·吉·告禮》改。

〔註233〕「大」，底本、稿本、清抄本、淮南本、中華本同，《通典·禮·吉·告禮》作「盛」。

〔註234〕「篇」，底本、淮南本、中華本同，稿本、清抄本作「云」。

〔註235〕「繼世」下，底本、稿本、清抄本、淮南本、中華本有「世也」二字，衍，據《國語·吳語》刪。

語》：「昔我先世后稷。」《史記》注引唐固注云：「父子相繼曰世。」言當世
父子之位，又取義於世世不絕也。**何以知天子之子亦稱世子也？《春秋》
曰：「公會王世子於首止。」**《禮·文王世子》云：「文王之爲世子也。」
又云：「抗世子之法於伯禽。」〔註236〕是天子之子亦稱世子也。上論諸侯稱世
子之義，恐人疑世子之名，止於諸侯之子，故此又言「天子之子亦稱世子也」。
所引《春秋》者，僖五年經文。《公羊傳》云：「曷爲殊會王世子？世子，貴
也，世子，猶世世子也。」注：「言當世父位，儲君副主，不可以諸侯會之爲
文，故殊之，使若諸侯爲世子所會也。」《穀梁傳》云「世子，世天下也」，
引以證天子之子稱世子也。**或曰：天子之子稱太子。**此又一稱也。《曲禮
下》「不敢與世子同名」，注：「世，或爲太。」是諸侯之適子亦稱太子也。僖
五年晉太子申生，是也。古「世」與「太」通。《春秋》之「太」字，《公羊》
皆作「世」。如文十三年「太室屋壞」，作「世室」。衛太叔儀爲世叔儀，宋樂
太心爲樂世心，《春秋》之鄭子太叔，《論語》作「世叔」。古「世」、「太」音
義同，故通用也。**《尚書傳》曰：「太子發升于舟。」**〔註237〕《詩》疏
及《後漢書》注引《書大傳》曰：「太子發升舟，中流，白魚入王舟。」〔註
238〕《史記·周本紀》云：「爲文王木主，載以車〔註239〕。武王自稱太子發，
言奉文王以伐，不敢自專。」《詩》疏引《中候·我應》云：「文王之戒武王
曰：『我終之後，但稱太子發〔註240〕。河、洛復，告遵朕稱王。』」《御覽》引
《中候》云「予稱太子發，明愼父，以名卒考」，注：「予，我也，父死曰考。

〔註236〕「之」，底本、稿本、清抄本、淮南本、中華本同，《禮記·文王世子》無此
　　　　字。
〔註237〕「于」，元大德本、元刻本、盧校本同，稿本、清抄本、淮南本、中華本做「王」。
　　　　《尚書大傳·周傳》作「于」。
〔註238〕「入王」，底本、稿本、清抄本、淮南本、中華本同。《毛詩·思文》疏及《後
　　　　漢書·杜篤傳》注引「入」下有「於」字。
〔註239〕「車」，底本、稿本、清抄本、淮南本、中華本同，《史記·周本紀》此字下
　　　　有「中軍」二字。
〔註240〕「但」，底本、稿本、清抄本、淮南本、中華本同，《毛詩·文王》疏引作「恒」。
　　　　「太子」，底本、稿本、清抄本、淮南本、中華本同，《毛詩·文王》疏引「子」
　　　　下有「發」字。

文王命武王〔註241〕，我終之後，恒稱太子者，明愼文王之命也。」君存稱世子，薨稱太子，未葬稱子，已葬稱公〔註242〕。今踰年稱太子者，父業未成，不敢自專之意。此天子之子稱太子也。《中候》曰：「**廢考，立發爲太子。**」**明文王時稱太子也**。此十八字，盧據《御覽》引補。《御覽》引《中候》云：「文王廢伯邑考〔註243〕，立發爲太子。」注：「定王業也。」又《尙書中侯》云〔註244〕：「王曰〔註245〕：『修我度，遵德紀，後恒稱太子發。』」《禮·檀弓》云：「文王舍伯邑考而立武王。」鄭注：「文王之立武王，權也。」舊本有「或曰：諸侯之子稱代子〔註246〕，則傳曰『晉有太子申生，鄭有太子華，齊有太子光』。由是觀之，周制太子、代子亦不定也。漢制，天子稱皇帝，其嫡嗣稱皇太子，諸侯王之嫡稱代子〔註247〕，後代咸因之。」〔註248〕共六十九字，見《初學記》。盧以爲徐堅說，故避唐諱，非《白虎通》正文也。從之。

〔註241〕「武」，底本、淮南本、中華本誤作「我」，據《太平御覽·皇親部·太子一》及稿本、清抄本改。

〔註242〕今按：「君存」至「稱公」，《公羊傳·莊三十二年》云：「君存稱世子，君薨稱子某，旣葬稱子，踰年稱公。」

〔註243〕「伯邑」，底本、稿本、清抄本、淮南本、中華本同，《太平御覽·皇親部·太子一》引無此二字。今按：《古微書·尚書中侯》有此二字，蓋所據版本不同故。

〔註244〕「尚書中侯」，據《古微書》補。今按：此「又云」句，非《太平御覽》之引文。陳氏所引蓋據他本，今據《古微書》正。

〔註245〕「王」，底本、稿本、清抄本、淮南本、中華本脫此字，據《古微書·尚書中侯》補。「曰」，底本、稿本、清抄本、淮南本誤作「日」，據《古微書·尚書中侯》改。今按：中華本出校刪此字，疑誤，「修我度」云云，乃文王之語。

〔註246〕下「子」，底本、稿本、清抄本、淮南本誤作「字」，據元大德本、元刻本及盧校本注改。中華本已正，未出校。

〔註247〕「代」，底本、稿本、清抄本、淮南本、中華本誤作「太」，據元大德本、元刻本及盧校本注改。

〔註248〕劉校：「盧校以此六十九字見《初學記》（案見九十。）乃徐堅說，非《白虎通》正文。今考《御覽》一百四十七引《通義》已列此節爲正文，惟無三『有』字，似此文非出徐堅。竊以『齊有太子光』上乃《通義》舊文，『由是觀之』以下，乃後人附注之詞。盧本悉刪之，過矣。」今按：劉師培所云，良是。「代子」，《初學記》作「世子」。《初學記·中宮部·皇太子》引作：「或云：諸侯之子稱世子，則《春秋傳》云『晉有太子申生、鄭有太子華、齊有太子光』，由是觀之，周制太子、世子亦不定也。漢制天子稱皇帝，其嫡嗣稱皇太子，諸侯王之嫡稱世子，後代咸因之。」

世子三年喪畢，上受爵命於天子何？明爵者天子之所有，臣無自爵之義。 舊「畢」下，有「必」字。「明爵」下，有「土」字〔註249〕。「所有」下，有「也」字。盧并據《通典》刪。此亦《韓詩》說也。《禮記》疏引《韓詩內傳》云：「上受爵命於天子，乃歸自即位何〔註250〕？明爵者天子有也〔註251〕，臣無自爵之義」〔註252〕也。《公羊》隱三年傳：「其稱武氏子何？譏，何譏爾？父卒子未命也」，注：「時雖世大夫，緣孝子之心不忍便當父位，故順古先試一年，乃命於宗廟，武氏子父新死，未命而便為大夫，薄父子之恩，故稱氏言子，見未命以譏之。」然則世子三年乃受爵者，有二義：一則，不忍當父位；二則，無自爵之義也。若然，成四年「鄭伯堅卒」，而多「鄭伯伐許」，書爵者，何休云：「時樂成君位，親自伐許，故如其意，以著其惡。」是背殯興師，《春秋》誅其志也。**童子當受爵命者，使大夫就其國命之。明王者不與童子禮也**〔註253〕。謂嗣君未冠而即位者也。舊「受」下，有「父」字。無「者」字。盧從《通典》刪補。**以《春秋》魯成公幼少，與諸侯會，不見公，經不以為魯恥。明不與童子為禮也。** 此今文《春秋》說也。《春秋》成十六年，公會諸侯「於沙隨，不見公，公至自會」，《公羊傳》曰：「何以致會？不恥也。曷為不恥？公幼也。」注：「據扈之會，公失序恥。」〔註254〕盧云：「案公初即位數年，與盟會者非一〔註255〕，何至此十六年始言幼？《左氏》成四年傳云：公如晉，晉侯見公不敬，公歸欲求成

〔註249〕「土」，底本、稿本、清抄本、淮南本、中華本誤作「上」，據元大德本、元刻本及盧校本注改。

〔註250〕「自」，底本、稿本、清抄本、淮南本、中華本同，《禮記・曲禮下》疏引無此字。

〔註251〕「者」，底本、稿本、清抄本、淮南本、中華本同，《禮記・曲禮下》疏引無此字。

〔註252〕「臣」下，底本、稿本、清抄本、淮南本有「民」字，衍，據《禮記・曲禮下》疏刪。中華本已正，今從之。

〔註253〕「子禮」，底本、稿本、清抄本、淮南本同。元大德本、元刻本、盧校本「禮」下有「為」字。

〔註254〕「公」，原脫，據《公羊傳・成公十六年》注補。

〔註255〕「盟會」，底本、稿本、清抄本、淮南本作「會盟」，倒文。據盧校本注乙。中華本已乙，今從之。

於楚，得季文子諫而止。其非年幼顯然。又公衡爲質於楚，在成二年〔註256〕，杜預以爲公之子，即以爲公之弟，而己自能逃歸，則其年亦非甚幼矣。《公羊》之說，未足信也。」今案《左傳》襄九年云「國君十五而生子，冠而生子」，天子諸侯十二而冠，定昏之時，當在十四五歲。成公以十四年始遣叔孫僑如迎昏於齊，則成公即位時，不過一二年，計至十七年會沙隨之時，當在十七八歲，非公幼之明證乎？杜以公衡爲成公之子，可謂不考之甚。且《左氏》之學，漢時未盛，兩漢重師承，三傳之說，各相矛盾，盧氏不得據《左氏》以駁《公羊》也。舊本作「與諸侯會，公不見之〔註257〕，經不以魯恥」。《通典》作「與童子爲禮者，諸侯會，公不見，經以爲魯恥」。文皆舛，依盧校。

世子上受爵命，衣士服何？謙不敢自專也。故《詩》曰「鞙鞙有珮」，謂世子始行也。

《禮·曲禮》「既葬見天子曰類見」，注：「代父受國。」《王制》云：「諸侯世子世國，未賜爵，視天子之元士，以君其國」，注：「列國及縣內之國也。」則世子未受爵命之時，視士禮，故衣士服也。《周語》「晉侯端委以入」，韋注：「昭謂此士服也。諸侯之子未受爵命，服士服也。」《典命》：「凡諸侯之適子，誓於天子〔註258〕，攝其君，則下其君之禮一等，未誓則以皮帛繼子男。」此已成君，反服士服者，《周禮》謂代父行禮，故得比於卿。故桓九年「曹伯使其世子射姑來朝」，「賓之以上卿」。若父死繼位，非代父從政，不得繼於父，又不忍安然自同於人君之禮，故服士服也。所引《詩》者，《小雅·瞻彼洛矣》文。《毛詩·序》云：「思古明王，能爵命諸侯。」箋云：「此諸侯世子也，除三年之喪，服士服而來，未遇爵命之時，時有征伐之事。天子以其賢，任爲軍將，使代卿士將六軍而出。」〔註259〕是《毛詩》

〔註256〕「成」，底本、稿本、清抄本、淮南本、中華本同，盧校本注無此字。
〔註257〕「之」，底本、稿本、清抄本、淮南本、中華本誤作「云」，據元大德本、元刻本及盧校本注改。
〔註258〕「天子」，底本、稿本、清抄本、淮南本誤作「君」，據《周禮·典命》改。中華本已正，今從之。
〔註259〕「使」，底本、稿本、清抄本、淮南本誤作「始」，據《毛詩·瞻彼洛矣》鄭箋改。中華本已正，今從之。

家亦以此爲諸侯世子上受爵命之詩也。今《毛詩》作「奭」〔註260〕，與此作「赩」異。案「赩」字，見於《說文·赤部》新附，當作「赫」。《說文》：「赫，大赤貌。」〔註261〕《邶風》「赫如渥赭」，毛傳云「赤貌」。今《詩》作「奭」，亦當作「赫」。《采芑》云「路車有奭」，《瞻彼洛矣》「韎韐有奭」，毛公二傳并訓爲「赤貌」。「奭」字，《說文》訓「盛也」。《釋訓》云：「赫赫躍躍。」〔註262〕《釋文》注「舍人本作『奭』。蓋二字通用。訓盛貌者，「奭」爲正字，「赫」爲假借。訓赤貌者，「赫」爲正字，「奭」爲假借。後人又因「赫」作「赩」。《廣雅·釋詁》：「赩，色也。」《釋器》：「赩，赤也。」《一切經音義》引《字林》：「赩，赤貌。」《文選》注引《通俗文》作「青黑曰赩」〔註263〕，義微異。此以韎韐爲士服，則爵弁服與鄭箋同。鄭云「韎韐，祭服之韠。爵弁服，紂衣纁裳也」，是也。韋氏以玄端當士服者，士弁而祭於公，冠而祭於己。故見天子則爵弁，入己廟則端委也。

右論諸侯襲爵

天子大斂之後稱王者，明民臣不可一日無君也。舊「民臣」作「士」，譌。《公羊春秋·桓公元年》「公即位」，何注「即者〔註264〕，就也。先謁宗廟，明繼祖也。還之朝，正君臣之位〔註265〕事畢而反凶服也」〔註266〕。

〔註260〕「作」，底本、稿本、清抄本同，淮南本誤作「年」，中華本誤作「有」。今按：中華本改底本而誤，且未出校。
〔註261〕「大」，底本、淮南本誤作「火」，據《說文解字注·赤部》及稿本、清抄本改。中華本已正，今從之。
〔註262〕「躍」，底本、稿本、清抄本、淮南本、中華本誤作「也」，據《經典釋文·爾雅音義·釋訓》改。
〔註263〕「文選注引通俗文」，底本、清抄本、淮南本、中華本同。稿本「文選注引」下有「毛傳亦作赩赤貌蓋引因白虎通作赩而引者也一切經音義引」二十五字，下接《通俗文》云云。今按：此錯行所致，當從稿本。
〔註264〕「者」，底本、稿本、清抄本、淮南本脫此字，據《公羊傳·桓公元年》注補。中華本已補，今從之。
〔註265〕「位」，底本、稿本、清抄本、淮南本同，《公羊傳·桓公元年》注此字下有「也」字。中華本已補。
〔註266〕「也」，底本、稿本、清抄本、淮南本同，《公羊傳·桓公元年》注作「焉」。中華本已正。

《南史・忱文阿傳》:「文帝即位，尅日謁廟。文阿議曰:『人物推移，質文殊軌，聖賢因機而立教，王公隨時以適宜〔註267〕。夫千人無君，不敗則亂。萬乘無主，不危則亡。當隆周之日，公旦叔父，呂、召爪牙，成王在喪，禍幾覆國。是以既葬便有公冠之儀，始殯受麻冕之策。斯蓋示天下以有主〔註268〕，慮社稷之艱難。逮乎末葉縱橫〔註269〕，漢承其弊，雖文、景刑措〔註270〕，而七國連兵。或踰月即尊，或崩日稱詔。此皆有爲而爲之，非無心於禮制也。今國諱之日，雖抑哀於璽紱之重〔註271〕，猶未序於君臣之儀。古禮朝廟，退坐正寢〔註272〕，聽羣臣之政。今皇帝拜廟還，宜御太極前殿〔註273〕，此即周康在朝〔註274〕，一二臣衛者也。』」《南齊・禮儀志》左丞蕭琛議:「竊聞祇見厥祖〔註275〕，義著《商書》，朝於武宮〔註276〕，事光晉策。豈有正位居尊，繼業承天，而不虔覲祖宗〔註277〕，格於太室?《毛詩・序》〔註278〕:『烈文，

〔註267〕「以適宜」，底本、稿本、清抄本、淮南本誤作「而制宜」，據《南史・沈文阿傳》改。中華本僅校作「適宜」，而未校出「以」字。

〔註268〕「主」，底本、稿本、清抄本、淮南本誤作「父」，據《南史・沈文阿傳》改。中華本已正，今從之。

〔註269〕「縱」，底本、稿本、清抄本、淮南本同，《南史・沈文阿傳》作「從」。今按:從，通縱。

〔註270〕「措」，底本、稿本、清抄本、淮南本、中華本同，《南史・沈文阿傳》作「厝」。

〔註271〕「抑」，底本、稿本、清抄本、淮南本誤作「仰」，據《南史・沈文阿傳》改。中華本已正，今從之。

〔註272〕「坐」，底本、稿本、清抄本、淮南本、中華本誤作「就」，據《南史・沈文阿傳》改。

〔註273〕「宜」，底本、稿本、清抄本、淮南本誤作「而」，據《南史・沈文阿傳》改。中華本已正，今從之。「太極殿」，底本、稿本、清抄本、淮南本同，《南史・沈文阿傳》「殿」上有「前」字。中華本已補，今從之。

〔註274〕「此即」，底本、稿本、清抄本、淮南本同，《南史・沈文阿傳》「此」上有「以正南面之尊」六字。「王」，《南史・沈文阿傳》無此字。

〔註275〕「聞」，底本、稿本、清抄本、淮南本、中華本誤作「見」，據《南齊書・志・禮上》改。

〔註276〕「宮」，底本、稿本、清抄本、淮南本、中華本誤作「廟」，據《南齊書・志・禮上》改。

〔註277〕「覲」，底本、稿本、清抄本、淮南本、中華本誤作「敬」，據《南齊書・志・禮上》改。

〔註278〕「毛詩序」，底本、稿本、清抄本、淮南本、中華本同，《南齊書・志・禮上》引作「毛詩周頌篇曰」。

成王即政，諸侯助祭也。』鄭箋云〔註279〕：『新王即政，必以朝享之禮祭於祖考，告嗣位也。』又曰：『閔予小子，嗣王朝廟也。』〔註280〕鄭箋云：『嗣王者，謂成王也。除武王之喪，將始即令政〔註281〕，朝於廟也。』則隆周令典，煥炳經記也。」然則自周以後，天子大斂之後，即告廟稱王，以繫民臣之心，亦但臣子稱之之詞。其自稱於天下，猶未得遽稱王也。**故《尚書》曰：「王麻冕黼裳。」此大斂之後也**。《顧命》文也。以上云「乙丑，王崩」，又云「越七日癸酉」。案《曲禮》「生與來日，死與往日」，注「與，猶數也。死數往日謂殯殮以死日數也。此士禮貶於大夫者，大夫以上皆以來日數」。然則天子以來日數矣。計成王以乙丑崩，自丙寅至壬申，則壬申為大斂之期，故《書》疏引鄭注以「癸酉」為「大斂之明日」。「王麻冕黼裳」，諸文皆承「癸酉」之下。是稱王在大斂之後也。若即位之後，則當在阼階。《文王世子》云「成王幼，不能莅阼」〔註282〕，今下云「由賓階」，是猶未忍當王禮，故知大斂之後也。《春秋繁露·玉英》篇：「天子三年然後稱王，經禮也。有物故則未三年而稱王〔註283〕，變禮也。」康王以子繼父，非有他故，而稱王者，史臣之詞也。然則大斂稱王，暫時即吉，令臣民之心皆知共戴，史臣不得不以王稱之，而王實未敢以王禮自居也。先儒有以康王冕服見羣臣為非禮者，是執陋見以疑經文也。「麻冕黼裳」者，《御覽》引鄭《書》注云麻冕，「三十升布冠也」，績麻三十升布為之。鄭注《周禮》云〔註284〕：袞之衣五章，裳

〔註279〕「箋」，底本、稿本、清抄本、淮南本、中華本同，《南齊書·志·禮上》引作「注」，誤。下「鄭箋云」之「箋」同，不更出校。

〔註280〕「朝廟」，底本、稿本、清抄本、淮南本、中華本同，下，《毛詩·閔予小子》「朝」下有「於」字。

〔註281〕「政」上，底本、稿本、清抄本、淮南本有「令」字，衍，據《南齊書·志·禮上》刪。中華本已刪，今從之。

〔註282〕「莅」，底本、稿本、清抄本、淮南本、中華本誤作「涖」，據《禮記·文王世子》改。

〔註283〕「有故」，底本、稿本、清抄本、淮南本、中華本同。《春秋繁露·玉英》「故」上有「物」字。

〔註284〕今按：陳立所引蓋舉稱大義，《周禮·司服》鄭注作：「袞之衣五章，裳四章，凡九也。鷩，畫以雉，謂華蟲也，其衣三章，裳四章，凡七也。毳，畫虎蜼，謂宗彝也，其衣三章，裳二章，凡五也。」

四章；鷩冕之衣三章，裳四章；毳冕之衣三章，裳二章。孔穎達以黼裳當衮衣，王氏鳴盛《尚書後案》以「黼裳」當「毳衣」，未知孰是？姑兩存焉。**何以知不從死後加王也？以上迎子釗**〔註285〕，**不言迎王也。**舊作「何以知王從死後加王也」，《通典》作「何以知不是後加王也」，語意不明，今依盧氏校正。言「何以知成王死後不即稱康王爲王也」。以《顧命》上云「太保命仲桓、南宮毛，俾爰齊侯呂伋，以二干戈，虎賁百人，迎子釗於南門之外」，不言迎王於南門之外也。案上云「元子釗」，元子，太子也。又云「爾無以釗」，下云「迎子釗」，則子，非康王名，與未殯稱子某之例同也。時成王新崩，故稱子釗，大歛之後即稱王，其義甚明。盧氏以爲不可據以爲未殯稱子，既殯稱王之實證，非也。**王者既殯而即繼體之位何？緣臣民之心不可一日無君也**〔註286〕。**故先君不可得見，則後君繼體矣。**《顧命》云：「太史秉書由賓階隮，御王冊命。」《書》疏引鄭注云：「御，猶嚮也。王此時正立賓階上少東，太史東面於殯西南而讀策書〔註287〕，以命王嗣位之事。」又曰：「皇后憑玉凡。」《說文》：「后，繼體君也。」是王者既殯，而即繼體之位也。繼體者，《公羊》莊四年傳云：「國君一體也。」「國君以國爲體，諸侯世，故國君爲一體也。」〔註288〕言先君既没，新君即位，臣民於先君既不得見矣，今見繼體之君，亦如仍見先君也。故爲繫民臣之心也。舊脫「也」字，盧據《通典》引。《通典》無「王者」二字，又「何」作「者」。**故《尚書》曰：王再拜興對，「乃受銅瑁」**〔註289〕，**明爲繼體君也。亦《顧命》**

〔註285〕「上迎」，底本、稿本、清抄本、淮南本同，元大德本、元刻本及盧校本「迎」上有「言」。中華本已補。

〔註286〕「臣民」，底本、稿本、清抄本、淮南本同，元大德本、元刻本及盧校本作「民臣」。中華本已乙。

〔註287〕「而」，底本、稿本、清抄本、淮南本誤作「隅」，據《尚書·顧命》疏改。中華本已正，今從之。

〔註288〕「爲」，底本、稿本、清抄本、淮南本脫此字，據《公羊傳·莊公四年》補。中華本已補，今從之。

〔註289〕「銅瑁」，底本、稿本、清抄本、淮南本、中華本同，盧校本作「同瑁」。元大德本、元刻本作「銅」，下無「瑁」字。《尚書·顧命》作「同瑁」。今按：陳立以「銅瑁」爲今文。

文也。《通典》引作「王再拜興，祭嚌，宅乃授宗人同」〔註290〕。案此方言世子即位，不當遽引及「授宗人同」之文。作「銅」者，舊本皆爾。盧氏改「銅」爲「同」，非也。《吳志》注引馬本作「同」，云「同者，大同天下」。《書》疏引鄭本亦作「同」，云「同，酒杯」。案馬、鄭并習古文，則作「同」者，古文也。《吳志》引《虞翻別傳》云：「今經益『金』就作『銅』字〔註291〕。詁訓言天子副璽。」今經者，今文也。則作「銅」者，今文也。《白虎通》多據今文《尚書》，作「銅」明矣。今文作「銅瑁」，蓋以爲二物。《說文·土部》：「璽，王者印也。所以主土。」籀文作「壐」。王氏鳴盛以「璽」起秦漢，周初安有此？案《御覽》引《大傳》云：「湯放桀而歸於亳〔註292〕，三千諸侯大會。湯取天子之璽置之於天子之坐，左復而再拜，從諸侯之位。」《左傳》襄二十九年〔註293〕：季武子璽書追而與公冶。《周禮·掌節》「貨賄用璽節」，鄭注：「璽節〔註294〕，今之印章也。」則璽於夏殷之際已有，但古者上下通名，至秦始以璽專屬天子。<u>《獨斷》云皇帝玉璽〔註295〕，皆「玉螭虎紐」，是也。</u>故今文家以銅爲副璽，《白虎通》之義，亦當然也。作「瑁」者，亦今文。《說文·玉部》：「瑁，諸侯執圭朝天子，天子執玉以冒之〔註296〕，似犁冠。《周禮》曰『天子執瑁四寸』。从『王』、『冒』，『冒』亦聲，古文从

〔註290〕 今按：此乃陳立抄盧文弨校之文。考《通典·禮·未踰年君稱異》引作「故《尚書》曰：王再拜興對，『乃受同』，明爲繼體君也。」盧文弨引誤，陳立照抄照搬，而又有所疑云：「案此方言世子即位，不當遽引及『授宗人同』之文。」

〔註291〕 「就」，底本、稿本、清抄本、淮南本脫，據《三國志·虞翻傳》注引補。中華本已補，今從之。

〔註292〕 「放」，底本、稿本、清抄本、淮南本、中華本誤作「伐」，據《尚書大傳·殷傳·湯誓》及《太平御覽·皇王部·殷帝成湯》引改。

〔註293〕 「九」，底本、稿本、清抄本、淮南本、中華本誤作「八」，據《左傳·襄公二十九年》改。

〔註294〕 「璽節」，底本、稿本、清抄本、淮南本、中華本同，《周禮·章節》「節」下有「者」字。

〔註295〕 「皇帝」，底本、淮南本、中華本同。稿本、清抄本作「黃帝」。清抄本眉注：「《獨斷》云：『璽者，印也，印者，信也，天子以玉螭虎紐。』查稿本、原抄本『天子』二字，俱寫作『黃帝』。」

〔註296〕 「玉」，底本、稿本、清抄本、淮南本誤作「圭」，據《說文解字·玉部》改。中華本已正，今從之。

月。」〔註297〕段氏玉裁注云：「此蓋壁中《顧命》字。」是古文《尙書》作「玥」也〔註298〕。古文作「同玥」〔註299〕，蓋以爲一物也。<u>《文質》篇云：〔註300〕</u><u>「瑁之言冒也〔註301〕，上有所覆，下有所冒。」義取覆天下〔註302〕</u>，故爲大<u>同也</u>。《虞翻別傳》又引鄭玄解《尙書》違失事四，「<u>以《顧命》康王執瑁，</u><u>古『曰』似『同』，從誤作『同』，既不覺定，復訓爲杯」</u>，誤莫甚焉。虞意蓋以經文本作「上宗奉曰瑁」，言曰圭者，瑁也。曰，訓瑁也。然文義迂迴，不可從。古「銅」、「同」二字通用。《周禮‧典同》注：「故書『同』爲『銅』。」〔註303〕是也。《顧命》先云「道揚末命，命汝嗣訓，臨君周邦，率循大卞，爕和天下，用答揚文武之光訓」，而後言「王再拜興」，故知明爲繼體君也。「故」字、「王」字，盧據《通典》補。俗間本作「乃受銅瑁也」，小字本、元本俱無「瑁也」二字〔註304〕。然「同」既作「銅」，則「銅瑁」明二物，似未可刪去也。**緣終始之義，一年不可有二君。故《尙書》曰：「王釋冕喪服。」**〔註305〕亦今文《顧命》文也。《書》疏引鄭注云：「王釋冕反喪服。」《禮‧喪服》：臣爲君，諸侯爲天子，皆斬衰。古文《尙書》有「反」字，《白虎通》無者，蓋今文也。盧據《通典》補「反」字者，從古文改也。舊「二君」下，有「也」字。據《通典》删，「終始」舊倒，從《公羊傳》。**吉冕服受銅，稱王以接諸侯。明已繼體爲君也。**《顧命》於「受銅」之上，云「王麻冕黼裳」，《書》疏引鄭注云：麻冕，三十升布也；黼裳，冕服之有文

〔註297〕「月」，底本、稿本、清抄本、淮南本同，中華本誤作「王十目」

〔註298〕「玥」，底本、淮南本、中華本誤作「瑁」，據文義及稿本、清抄本改。

〔註299〕「玥」，底本、稿本、清抄本、淮南本同，中華本誤作「王十目」

〔註300〕今按：「《文質》，當爲「《瑞贄》」。盧校本注：「俗本作《文質》，今訂正。其《文質》章本在下《三正》篇。」陳立既從盧校本《白虎通‧目錄》，則此當作「《瑞贄》」。

〔註301〕今按：「之」下，《白虎通‧瑞贄》有「爲」字。

〔註302〕今按：據陳立《白虎通‧瑞贄》之疏解，「覆」下，當有「冒」字，義長。

〔註303〕「爲」，底本、稿本、清抄本、淮南本、中華本同，《周禮‧典同》注作「作」。

〔註304〕「元本」，底本同，稿本、清鈔本、淮南本誤作「元字」。中華本已正，未出校。

〔註305〕「冕喪」，底本、元大德本、元刻本、稿本、清抄本、淮南本、中華本同。盧校本「冕」下有「反」字。陳立以爲盧從古文《尙書》補，故不從盧。

者〔註306〕。是吉冕服也。《史記‧周本紀》云:「太子釗遂立,是爲康王。康王即位,徧告諸侯。」今文《顧命》又云:「庶邦侯甸男衛,惟予一人釗報誥。」〔註307〕《禮》疏引熊安生說云:「天下不可一日無主〔註308〕。今謂予一人者,以麻冕黼裳即位,受顧命,從吉〔註309〕,暫稱予一人。」〔註310〕是「稱王以接諸侯」之義也。**釋冕藏銅反喪服,明未稱王以統事也。**《書》不言藏銅。《檀弓》云:「古者君薨〔註311〕,王世子聽於冢宰三年。」則銅亦宜藏也。隱三年「武氏子來求賵」,《公羊傳》:「何以不稱使?當喪未君也。」注:「當喪謂天子也。未君者,未三年也。未可居君位稱使也。」文九年「毛伯來求金」〔註312〕,《公羊傳》「何以不稱使?當喪未君也。踰年矣,何以謂之未君?以天子三年然後稱王」也。是未稱王也。然則緣臣民之心不可一日無君,故斂後即稱王,以明繼體。緣孝子之心不忍安吉,則雖踰年猶不稱王,釋冕後猶不統事也。舊無「服」字,盧據《通典》補。**不可曠年無君,故踰年乃即位改元。元以名年,年以紀事,君統事見矣,而未發號令也。**《春秋》隱元年云「元年春,王正月」。《公羊傳》:「元年者何?君之始年也。」疏引《春秋說》云:「元者,端也。」注云:「元爲氣之始,如水之有泉。泉流之原,無形以起,有形以分,窺之不見,聽之不

〔註306〕今按:《書》疏引鄭注:「禮,績麻三十升以爲冕,故稱麻冕。黼裳者,冕服有文者也。」陳立於此句,蓋舉稱大義耳。

〔註307〕「誥」,底本、稿本、清抄本、淮南本、中華本誤作「告」,據《尚書‧康王之誥》改。

〔註308〕「主」,底本、稿本、清抄本、淮南本、中華本同,《禮記‧曲禮下》疏引作「王」,且「王」下有「故也」二字。

〔註309〕「吉」,底本同,稿本、清抄本、淮南本誤作「古」。今按:《禮記‧曲禮下》疏引作「吉」,是。

〔註310〕「暫稱」,底本、稿本、清抄本、淮南本、中華本同,《禮記‧曲禮下》疏引「暫」上有「故」字。「予」,底本、稿本、清抄本、淮南本、中華本同,《禮記‧曲禮下》疏引無此字。

〔註311〕「君薨」,底本、稿本、清抄本、淮南本、中華本同,《禮記‧檀弓下》作「天子崩」三字。

〔註312〕「九」,底本、稿本、清抄本、淮南本誤作「三」,據《公羊傳‧文公九年》改。中華本已正,今從之。

聞。」又云：「王不上奉天文以立號，則道術無由〔註313〕，故先稱春後言王〔註314〕。天不深正其元〔註315〕，則不能成其化。故先起元，後陳春矣。」〔註316〕故《春秋》五始之義，元者氣之始，春者四時之始，王者受命之始，正月者政教之始。繫正月於王，繫春於元年，是「元以名年，年以紀事」之義也。國不可久無主，故事必統之君，又未忍儼然成君，故未發號令也。故《孟子・萬章》云：「踐天子位焉。」《史記》注引劉熙注云：「天子之位不可曠年，於是遂反格於文祖，而當帝位。」「可」字，盧據《通典》補。又「元以名年」，舊作「名元年」，亦據《通典》正。舊作「君名其事矣」，亦訛，盧依《御覽》改。**何以知踰年即位改元也？**《春秋傳》曰：「**以諸侯踰年即位，亦知天子踰年即位也。**」《公羊》文九年傳文也。舊「知」訛「言」，又「改元也」訛「謂改元位」，皆盧據《通典》改。《春秋》曰：「**元年春，王正月，公即位。**」改元位也。**王者改元，即事天地。諸侯改元，即事社稷。**《春秋》桓、文、宣、成、襄、昭、哀元年並有其文。案《公羊》家何氏無諸侯改元之說。何休云：「惟王者然後改元立號。《春秋》託新王，受命於魯，故因以錄即位。明王者當繼天奉元〔註317〕，養成萬物。」萬氏斯大《學春秋隨筆》云：「天子為天下共主，五等諸侯出作屏藩〔註318〕，入為卿士，依然臣也。一統天下，咸奉正朔，同軌同文，安有諸侯改元之理？即曰國自有史，亦必大書天子之年，而分繫其事。」是用何氏說。而孔氏廣森《公

〔註313〕「由」，底本、稿本、清抄本、淮南本同，《公羊傳・隱公元年》疏引作「原」。中華本已正。

〔註314〕「稱」，底本、稿本、清抄本、淮南本同，《公羊傳・隱公元年》疏引作「陳」。中華本已正。

〔註315〕「元」，底本、稿本、清抄本、淮南本誤作「源」，據《公羊傳・隱公元年》疏引改。中華本已正，今從之。

〔註316〕「後」，底本、稿本、清抄本、淮南本、中華本同，《公羊傳・隱公元年》疏此字上有「然」字。

〔註317〕「天」，底本、稿本、清抄本、淮南本、中華本誤作「體」，據《公羊傳・隱公元年》改。

〔註318〕「屏藩」，底本、稿本、清抄本、淮南本、中華本同，《學春秋隨筆》作「藩屏」。

羊通義》則謂「古者諸侯分土而守，分民而治，有不純臣之義，故各得紀元於其境內。」案班氏所用《公羊》說，或與何氏異。然春秋之世，諸侯即位即改元。故桓二年《左傳》云「惠之二十四年」，又云「惠之三十年」，〔註319〕是東遷之前，諸侯已有改元者矣。故《玉海》引樂資《春秋後傳》云：「惟王者改元。諸侯改元，汾王以前未之有也。」蓋諸侯改元，衰世之事，《公羊》以春秋立法，故定諸侯不改元之經也。《王制》曰〔註320〕：「**夫喪三年不祭，唯祭天地社稷，爲越紼而行事。**」鄭彼注云：「不敢以卑廢尊。」疏引《鄭志》答田瓊云：「天地郊社至尊，不可廢，故越紼祭之。六宗山川之神則否。其宮中五祀，在喪內則亦祭之。故《曾子問》云『君薨，五祀之祭不行，既殯而祭之。自啓至於反哭，五祀之祭不行，既葬而祭之。』」又答田瓊云：「五祀，宮中之神，喪時朝夕出入所祭，不爲越紼也。天地社稷之祭，預卜時日〔註321〕，今忽有喪，故既殯越紼行事。若遭喪之後，當天地郊社常祭之日，其啓殯至於反哭，則避此郊社祭日而爲之。」案郊社尊，故啓殯至反哭，皆避其日。若五祀之祭則廢，未殯之先，雖郊社亦不行。故《曾子問》云：「天子嘗禘郊社五祀之祭，簠簋既陳，天子崩，后之喪，如何〔註322〕？孔子曰：『廢』。」是指初崩時言也。若然，郊社以至尊，故越紼而祭，宮中五祀之神微，故不必越紼而自祭，則宗廟諸祭不行矣。杜預注僖三十三年《左傳》云：「新主既特祀於寢，則宗廟四時常祀，三年禮畢又大禘，乃皆同於吉。」其說與禮乖，不可從也。《繁露·郊祭》篇「《春秋》之義，國有大喪〔註323〕，止宗廟之祭而不止郊祭，不敢以父母之喪廢事天地之禮也」，是也。**《春秋傳》曰：「天子三年然後稱王」者，謂稱王統事發號令也。**《通典》引此

〔註319〕「又」，底本同，稿本、清抄本、淮南本誤作「文」。中華本已正，未出校。
〔註320〕「曰」，底本、元大德本、元刻本、盧校本同，稿本、清抄本、淮南本作「云」。
〔註321〕「預」，底本、稿本、清抄本、淮南本、中華本同，《禮記·王制》疏引作「豫」。
〔註322〕「如何」，底本、稿本、清抄本、淮南本同，《禮記·曾子問》「如」下有「之」字。中華本已補。
〔註323〕「喪」，底本、稿本、清抄本、淮南本、中華本同，《春秋繁露·郊祭》此字下有「者」字。

文，以此節卽承上「《春秋傳》曰」節，無上「《春秋》曰」至「行事」五十三字，而以此作「又曰」，蓋脫也。所引《春秋傳》，亦文九年《公羊傳》文也。**《尙書》曰「高宗諒闇三年」，是也。**此古文逸篇《說命》文也。《儀禮經傳通解續》引伏生《大傳・說命》云：「《書》曰『高宗梁闇，三年不言』，何謂梁闇也？傳曰：『高宗居凶廬，三年不言，百官總己以聽於冢宰而莫之違，此之謂梁闇。』」《無逸》、《坊記》、《喪服四制》、《繁露・竹林》、《家語・正論》、《論語・憲問》并引《書》文「高宗諒闇，三年不言」之說。或作「亮陰」，或作「諒陰」，或作「諒闇」，鄭又改作「梁闇」。《史記》注引鄭氏《無逸》注云〔註324〕：「諒闇，轉作梁闇，楣謂之梁，闇謂廬也。小乙崩，武丁立，憂喪三年之禮，居倚廬柱楣，不言政事。」然則「諒闇」，卽《喪服傳》之「倚廬」。彼云「居倚廬，寢苫枕塊」。又云「旣虞，翦屛柱楣」。鄭注云：「楣謂之梁，柱楣所謂梁闇。」又注《旣夕》云：「倚木爲廬，在中門外東方，北戶。」蓋始喪時，倚東壁爲廬，戶北向，簀著於地，用草爲屛，不翦，至虞後，乃以楣柱及地之簀令高，翦其餘而西向開戶也。《釋宮》云：「楣謂之梁。」是梁闇者，倚廬而柱楣者也。何晏《論語》注引孔安國訓諒爲信，陰爲默。以義爲之，不可從也。**《論語》曰：「君薨，百官總己聽於冢宰三年。」**《憲問》篇，孔子語也。此篇兩引皆無「以」字，與《後漢・陳元傳》所引《論語》同。《集解》引孔注云：「冢宰，天官，卿，佐王治者也。三年喪畢，然後王自聽政也。」《檀弓》仲尼曰：「胡爲其不然也？古者天子崩，王世子聽於冢宰三年。」注：「冢宰，天官，卿，貳王事者。三年之喪，使之聽朝。」《孟子・滕文公上》孔子曰「君薨，聽於冢宰」，注：「國君薨，委政冢宰大臣，嗣君但盡哀情。」是天子諸侯之制同也。**緣孝子之心，則三年不忍當也。故三年除喪，乃即位統事，踐阼爲主，南面朝臣下，稱王以發號令也。故天子諸侯凡三年即位，終始之義乃備，所以諒闇三年，卒孝子之道。故《論語》曰：「古之人皆然，君薨，**

〔註324〕 今按：考《史記・魯周公世家》集解引鄭玄曰「楣謂之梁，闇謂廬也。」《毛詩・商頌譜》孔疏引有「鄭氏《無逸》注」云云。

百官總己聽於冢宰三年。」「踐阼」上，舊又有「卽位」二字，「阼」作「祚」，盧據《通典》刪正。《通解續》引《書傳》云：「以民臣之心，則不可一日無君也。不可一日無君，猶不可一日無天也。以孝子之隱乎，則孝子三年弗居也。故曰義者彼也，隱者此也。遠彼而近此，孝子之道備矣。」故《穀梁》隱三年傳云：「稱武氏子何也？未畢喪，孤未爵。」注：「平王之喪在殯。」〔註325〕然則大斂之後，天子卽爵命大夫，亦當冢宰攝事，假王令以命之矣。**所以聽於冢宰三年者何？以爲冢宰職在制國之用，是以由之也。故《王制》曰：「冢宰制國用。」**《王制》注云：「制國用，如今度支經用。」案《周禮》理財之官並屬冢宰，《聘禮》注云：「宰掌制國之用。」是也。大德本、俞本作「大冢宰」。冢卽大，加「大」字，非也。**所以名之爲冢宰何？冢者，大也。宰者，制也。大制事也。**《三禮目錄》云「冢，大也。宰者，官也。天者統理萬物，天子立冢宰，使掌邦治，亦所以總御衆官。不主一官之事也」。《釋詁》云：「冢，大也。」《天官・序官》「乃立天官冢宰」，後鄭注：百官總焉謂之冢。《說文》：「**冢**，高墳也。」引申之爲大義。故經傳之言冢者，多訓爲大。《內則》「冢子」〔註326〕，猶大子也，《詩・大雅》「乃立冢士」，謂大社也，是也。《廣雅・釋言》云：「宰，制也。」《小爾雅・廣詁》云〔註327〕：「宰，治也。」《公羊》僖九年「宰周公」，注：「宰，猶治也。」《書》疏引《周官》馬傳云：「宰，制也。」〔註328〕治、制，義通，諸經說冢宰職有尊卑，取義則一也。**故《王度記》曰：「天子冢宰一人，爵祿如天子之大夫。」或曰：冢宰視卿，《周官》所云也。**《天官・序官》云：「大宰〔註329〕，

〔註325〕 「在」，底本、稿本、清抄本、淮南本、中華本誤作「未」，據《穀梁傳・隱公三年》注改。
〔註326〕 今按：《禮記・內則》云：「冢子，則大牢。」鄭注：「天子世子也。冢，大也。冢子，猶言長子，通於下也。」陳立云「猶大子」，疑誤。「太子」，常寫作「大子」，當爲「猶長子」，義長。
〔註327〕 「爾」，底本、稿本、清抄本、淮南本、中華本脫此字，據《小爾雅・廣詁》補。
〔註328〕 今按：考《書》疏無此引文，《廣雅・釋言》：「宰，制也。」
〔註329〕 「大」，底本、稿本、清抄本、淮南本、中華本誤作「冢」，據《周禮・天官冢宰》改。

卿一人。」《周書·大匡》云：「乃召冢宰卿。」此蓋專言周制也。至《王度記》所云，則殷制。《曲禮》篇〔註330〕，天子建天官，先六太，曰太宰〔註331〕、太宗云云。天子之五官，曰司徒、司馬云云〔註332〕。鄭君以爲殷制。雖無明據，然太宰非貴卿，而止爲天官之屬，則與宋官名合。宋承殷制，其六卿之名，見於《左氏》文七年、十六年、昭二十二年、哀二十六年者，其目則曰右師、左師、司徒、司馬、司城、司寇，無所謂冢宰也。唯成十六年，於六卿之外復有向帶爲大宰，於司寇之下，其非上卿可知。則殷制，冢宰爲天子之大夫明矣。故下《封公侯》篇引《別名記》：「司馬順天，天者施生。所以主兵何？兵者，爲民除害〔註333〕，所以全其生，衛其養也。故兵稱天。」以司馬爲天官，則冢宰非六卿之長，其爵但如大夫耳。其《荀子·王制篇》：「本政教，正法則，兼聽而時稽之，度其功勞，論其慶賞，以時愼修，使百吏免盡，而衆庶不偷，冢宰之事也。」〔註334〕又云：「故政事亂則冢宰之罪也。」且以冢宰〔註335〕、辟公並稱，蓋亦據周制言之。故《仲長統傳·法誡篇》曰：「《周禮》六典，冢宰貳王以理天下。」〔註336〕是也。

　　右論天子即位改元

〔註331〕「曰」，底本、稿本、中華本同，清抄本此字下有「云」字，淮南本此字下有「篇」字，皆衍文。今按：陳立稿本刪文，清抄本誤把第二行「云」字抄錄，淮南本排版時，改「云」爲「篇」，誤。中華本刪而未出校。
〔註332〕「云云」，底本、稿本、淮南本、中華本同，清抄本不重文。今按：據稿本，清抄本把該行「云」字錯簡上「曰」下而脫一「云」字。
〔註333〕「民」，底本、稿本、清抄本、淮南本、中華本同，《白虎通·封公侯》作「謀」。
〔註334〕「事也」，底本、稿本同。清抄本、淮南本「事」下有「與」字。今按：《荀子·王制》「事」下無「與」字，是。
〔註335〕「且」，底本同，稿本、清抄本、淮南本、中華本無此字。「冢宰」，底本、清抄本、淮南本、中華本同，稿本「宰」下有「與」字。今按：據稿本，「與」，錯簡至上條「事也」處。淮南本據抄本之證據。
〔註336〕「以」，底本、稿本、清抄本、淮南本、中華本同，《後漢書·仲長統傳》作「而」。

徵引文獻

B

《白虎通疏證》，清・陳立撰，稿本。

《白虎通》，漢・班固等撰，北京：中華書局 1985 年版《叢書集成初編》本。

《白虎通疏證》，清・陳立撰，上海：上海書店 1988 年影印《皇清經解續編》本。

《白虎通德論》，漢・班固撰，上海：上海書店 1989 年版《四部叢刊初編》景元大德覆宋監本。

《白虎通疏證》，清・陳立撰，吳則虞點校，北京：中華書局 1994 年版。

《白虎通義校勘記》，上海：上海書店 1994 年版《叢書集成續編》本第 16 冊。

《白虎通疏證》，清・陳立撰，上海：上海古籍出版社 1994～2002 年版《續修四庫全書》本第 1142 冊。

《北堂書鈔》，隋・虞世南撰，北京：清華大學出版社 2003 年版《唐代四大類書》本第 1 冊。

《白虎通德論》，漢・班固撰，北京：北京圖書館 2005 年影印元大德九年無錫州學刻本。

《白虎通》，漢・班固等撰，北京：北京圖書館 2006 年影印元刻本。

《駁五經異義補遺》，漢・許慎撰，漢・鄭玄駁，清・王復輯，清・武億校，北京：中華書局 1985 年版《叢書集成初編》本。

C

《初學記》，唐・徐堅等著，北京：中華書局 1962 年版。

《春秋繁露》，漢・董仲舒撰，上海：上海書店 1989 年版《四部叢刊初編》第 10 冊。

《春秋公羊傳注疏》，漢・公羊壽傳，漢・何休解詁，唐・徐彥疏，北京：中華書局 1980 年影印《十三經注疏》本。

《春秋穀梁傳注疏》，晉・范甯集解，唐・楊士勛疏，北京：中華書局 1980 年影印《十三經注疏》本。

《春秋左傳正義》，周・左秋明撰，晉・杜預注，唐・孔穎達疏，北京：中華書局 1980 年影印《十三經注疏》本。

D

《大戴禮記》，漢・戴德撰，北周・盧辯注，上海：商務印書館 1937 年版《叢書集成初編》本。

《獨斷》，漢・蔡邕撰，上海：上海書店 1985 年版《四部叢刊三編》第 32 冊。

E

《爾雅注疏》，晉・郭璞注，宋・邢昺疏，北京：中華書局 1980 年影印《十三經注疏》本。

《爾雅義疏》，清・郝懿行，上海：上海古籍出版社 1983 年版。

《爾雅正義》，清・邵晉涵，上海：上海書店 1988 年影印《皇清經解》本。

F

《風俗通義》，漢・應劭撰，上海：商務印書館 1937 年版《叢書集成初編》本。

G

《古微書》，明・孫瑴編，上海：商務印書館 1939 年版《叢書集成初編》本。

《廣雅疏證》，魏・張揖撰，清・王念孫疏證，上海：商務印書館 1939 年版《叢書集成初編》本。

《國語》，上海師範大學古籍整理組校點，上海：上海古籍出版社 1978 年版。

《古文尚書撰異》，清・段玉裁撰，上海：上海書店 1988 年影印《皇清經解》本。

《管子》，周・管仲撰，唐・房玄齡注，上海：上海書店 1989 年版《四部叢刊初編》第 61 冊。

《古籍整理概論》，黃永年著，上海：上海書店 2001 年版。

H

《韓詩外傳》，漢・韓嬰撰，上海：商務印書館 1936 年版《四部叢刊初編》本第 11 冊。

《漢書》，漢・班固撰，唐・顏師古注，北京：中華書局 1962 年版。

《皇侃論學雜著》，皇侃撰，中華書局上海編輯所編輯，北京：中華書局 1964
　　年版。

《後漢書》，宋・范曄撰，唐・李賢等注，北京：中華書局 1965 年版。

《後漢書志》，晉・司馬彪撰，梁・劉昭注補，北京：中華書局 1965 年版。

《淮南鴻烈解》，漢・劉安撰，北京：中華書局 1985 年版《叢書集成初編》本。

《洪範正論》，清・胡渭撰，臺北：臺灣商務印書館 1983 年影印文淵閣
　　《四庫全書》本第 68 冊。

《皇清經解》，清・阮元編，上海：上海書店 1988 年版。

《皇清經解續編》，清・王先謙編，上海：上海書店 1988 年版。

《漢書補注》，清・王先謙，北京：書目文獻出版社 1995 年版。

《洪誠文集》，洪誠著，南京：江蘇古籍出版社 2000 年版。

《皇清經解》，清・阮元編，南京：鳳凰出版社 2005 年版。

J

《經籍纂詁》，清・阮元等撰集，上海：國學整理社 1936 年版。

《校勘學釋例》，陳垣撰，北京：中華書局 1959 年版。

《經義述聞》，清・王引之，臺北：世界書局 1975 年版《讀書箚記叢刊》
　　第二集，第 23 冊。

《校勘學大綱》，倪其心著，北京：北京大學出版社 1987 年版。

《經義雜記》，清・臧琳撰，上海：上海書店 1988 年影印《皇清經解》本。

《經學卮言》，清・孔廣森，上海：上海書店 1988 年影印《皇清經解》本。

《今文尚書考證》，清・皮錫瑞撰，盛冬鈴、陳抗點校，北京：中華書局
　　1989 年版。

《句溪雜著》，清・陳立，上海：上海古籍出版社 1994～2002 年版《續修
　　四庫全書》本第 176 冊。

《經學博采錄》，清・桂文燦，上海：上海古籍出版社 1994～2002 年版
　　《續修四庫全書》本第 179 冊。

《經學歷史》，清・皮錫瑞著，周予同注釋，北京：中華書局 2008 年版。

L

《列子集釋》，楊伯峻撰，北京：中華書局 1979 年版。

《禮記正義》，漢・鄭玄注，唐・孔穎達疏，北京：中華書局 1980 年影印
　　《十三經注疏》本。

《呂氏春秋》，秦・呂不韋撰，漢・高誘注，上海：上海書店 1989 年版
　　《四部叢刊初編》本第 72 冊。

《禮經學》，清・曹元弼著，周洪校點，北京：北京大學出版社 2012 年版。

M

《毛詩正義》，漢・毛亨傳，鄭玄箋，孔穎達疏，北京：中華書局 1980 年影印《十三經注疏》本。

《孟子注疏》，漢・趙岐注，宋・孫奭疏，北京：中華書局 1980 年影印《十三經注疏》本。

《墨子閒詁》，清・孫詒讓撰，上海：上海書店 1986 年版。

《毛詩古音考屈宋古音義》，明・陳第著，康瑞琮點校，北京：中華書局 2008 年版。

N

《南華真經》，周・莊周撰，晉・郭象注，上海：上海書店 1989 年版《四部叢刊初編》本第 90 冊。

《南齊書》，梁・蕭子顯撰，北京：中華書局 1972 年版。

《南史》，唐・李延壽撰，北京：中華書局 1975 年版。

Q

《全上古三代秦漢三國六朝文》，清・嚴可均校輯，北京：中華書局 1958 年版。

《清史稿》，趙爾巽等撰，北京：中華書局 1977 年版。

《潛研堂集》，清・錢大昕撰，呂友仁校點，上海：上海古籍出版社 1989 年版。

《清史稿校注》，國史館，臺北：臺灣商務印書館 1999 年版。

R

《日知錄集釋》，清・顧炎武著，清・黃汝成集釋，欒保羣、呂宗力校點，上海：上海古籍出版社 2006 年版。

S

《說文引經攷》，清・吳玉搢撰，上海：商務印書館 1936 年版《叢書集成初編》本。

《說苑》，漢・劉向撰，上海：商務印書館 1937 年版《叢書集成初編》本。

《說文通訓定聲》，清・朱駿聲，上海：商務印書館 1937 年版《萬有文庫》本。

《釋名》，漢・劉熙，上海：商務印書館 1939 年版《叢書集成初編》本。

《說文解字》，漢・許慎撰，宋・徐鉉校定，北京：中華書局 1963 年版。

《四庫全書總目》，清・永瑢等撰，北京：中華書局 1965 年版。

《三國志》，晉・陳壽撰，宋・裴松之注，北京：中華書局 1973 年版。

《隋書》，唐・魏徵等撰，北京：中華書局 1973 年版。

《宋書》，梁・沈約撰，北京：中華書局 1974 年版。

《十三經注疏》，清・阮元校刻，北京：中華書局 1980 年版。

《尚書正義》，漢・孔安國傳，唐・孔穎達疏，北京：中華書局 1980 年影印《十三經注疏》本。

《史記》，漢・司馬遷撰，宋・裴駰集解，唐・司馬貞索隱，唐・張守節正義，北京：中華書局 1982 年版。

《宋本玉篇》，梁・顧野王撰，北京：中國書店 1983 年版。

《尚書大傳》，漢・伏勝撰，漢・鄭玄注，清・陳壽祺輯校，北京：中華書局 1985 年版《叢書集成初編》本。

《尚書今古文注疏》，清・孫星衍撰，陳抗、盛冬鈴點校，北京：中華書局 1986 年版。

《說文解字義證》，清・桂馥撰，北京：中華書局 1987 年版。

《說文解字注》，漢・許慎撰，清・段玉裁注，上海：上海古籍出版社 1988 年版。

《說文解字句讀》，清・王筠撰，北京：中華書局 1988 年版。

《山海經》，晉・郭璞傳，上海：上海書店 1989 年版《四部叢刊初編》本第 80 冊。

《說文解字繫傳》，南唐・徐鍇撰，上海：上海書店 1989 年版《四部叢刊》本第 15 冊。

《詩集》，陳寅恪著，陳美延編，北京：三聯書店 2001 年版。

《尚書今古文注疏》，清・孫星衍撰，北京：中華書局 2004 年版。

T

《太平御覽》，宋・李昉等撰，北京：中華書局 1960 年版。

《通典》，唐・杜佑撰，王文錦、王永興、劉俊文、徐庭雲、謝方點校，北京：中華書局 1988 年版。

W

《五行大義》，隋・蕭吉撰，上海：商務印書館 1939 年版《叢書集成初編》本。

《文獻通考》，元・馬端臨，北京：中華書局 1986 年版。

《五經異義疏證》，清・陳壽祺撰，上海：上海書店 1988 年影印《皇清經解》本。

《緯攟》，清・喬松年撰，上海：上海古籍出版社 1994～2002 年版《續修四庫全書》本第 184 冊。

《文選》，梁・蕭統選編，唐・呂延濟、劉良、張銑、呂向、李周翰、李善注，北京：人民文學出版社 2008 年影印日本足利學校藏宋刊明州本。

X

《孝經注疏》，唐玄宗注，宋・邢昺疏，北京：中華書局 1980 年影印《十三經注疏》本。

《荀子集解》，清・王先謙撰，北京：中華書局 1988 年版。

Y

《易緯乾鑿度》，漢・鄭玄注，上海：商務印書館 1937 年版《叢書集成初編》本。

《儀禮注疏》，漢・鄭玄注，唐・賈公彥疏，北京：中華書局 1980 年影印《十三經注疏》本。

《藝文類聚》，清・歐陽詢撰，汪紹楹校，上海：上海古籍出版社 1982 年版。

《緣督廬日記抄》，清・葉昌熾，上海：上海古籍出版社 1994～2002 年版《續修四庫全書》本第 576 冊。

Z

《周禮注疏》，漢・鄭玄注，唐・賈公彥疏，北京：中華書局 1980 年影印《十三經注疏》本。

《周易正義》，魏・王弼、晉・韓康伯注，唐・孔穎達疏，北京：中華書局 1980 年影印《十三經注疏》本。

《周禮正義》，清・孫詒讓撰，王文錦、陳玉霞點校，北京：中華書局 1987 年版。

《周官祿田考》，清・沈彤，上海：上海書店 1988 年影印《皇清經解》本。

《周予同經學史論》，朱維錚編校，上海：上海人民出版社 2010 版。

參考文獻

一、專著

1. 《春秋公羊傳注疏》，漢・公羊壽傳，漢・何休解詁，唐・徐彥疏，北京：北京大學出版社 1999 年版。

2. 《春秋穀梁傳注疏》，晉・范甯集解，唐・楊士勛疏，北京：北京大學出版社 1999 年版。

3. 《春秋左傳正義》，周・左秋明撰，晉・杜預注，唐・孔穎達疏，北京：北京大學出版社 1999 年版。

4. 《爾雅注疏》，晉・郭璞注，宋・邢昺疏，北京：北京大學出版社 1999 年版。

5. 《論語注疏》，魏・何晏集解，宋・邢昺疏，北京：北京大學出版社 1999 年版。

6. 《禮記正義》，漢・鄭玄注，唐・孔穎達疏，北京：北京大學出版社 1999 年版。

7. 《毛詩正義》，漢・毛亨傳，鄭玄箋，孔穎達疏，北京：北京大學出版社 1999 年版。

8. 《孟子注疏》，晉・趙岐注，宋・孫奭疏，北京：北京大學出版社 1999 年版。

9. 《尚書正義》，漢・孔安國傳，唐・孔穎達疏，北京：北京大學出版社 1999 年版。

10. 《孝經注疏》，唐玄宗注，宋・邢昺疏，北京：北京大學出版社 1999 年版。

11. 《儀禮注疏》，漢・鄭玄注，唐・賈公彥疏，北京：北京大學出版社 1999 年版。

12. 《周禮注疏》，漢・鄭玄注，唐・賈公彥疏，北京：北京大學出版社 1999 年版。

13. 《周易正義》，魏·王弼、晉·韓康伯注，唐·孔穎達疏，北京：北京大學出版社 1999 年版。

二、學位論文

1. 周德良《〈白虎通〉研究——〈白虎通〉暨〈漢禮〉考》，臺灣國立中央大學 2004 年博士論文。

2. 李敏《〈白虎通義〉與東漢經學》，北京語言大學 2005 年碩士論文。

3. 鄭穎《〈白虎通〉引文釋例》，浙江大學 2009 年碩士論文。

4. 郜同麟《宋前文獻引〈春秋〉研究》，浙江大學 2011 年博士論文。

三、期刊論文

1. 王四達《五十年來中國大陸有關〈白虎通義〉的研究狀況述評》，《華僑大學學報》（人文社科版）2001 年第 1 期。

2. 徐文新《〈白虎通疏證〉點校指瑕》，《貴州文史叢刊》2003 年第 3 期。

3. 白瑞芬《〈白虎通義〉研究綜述》，《和田師範專科學校學報》（漢文綜合版）2006 年第 26 卷第 5 期。

4. 崔富章《四庫提要諸本分析》，《文獻》，2012 年第 3 期。

附　錄

一、陳立《白虎通疏證》徵引書目

　　陳立徵引文獻涉及經、史、子、集各部，爲方便起見，本文按音序統計陳立引書的情況。陳立二次徵引文獻很多，有時候是書籍亡佚的原因，有時候是信手拈來而採用的這種方式，筆者對陳立的二次徵引文獻進行了分離，以便更清晰地看到陳立疏解對哪一些文獻更加重視。例如，「《太平御覽》引《援神契》」、「《藝文類聚》引《援神契》」、「《禮》疏引《援神契》」等等……陳立的最終目的是想用《援神契》的語句以疏解《白虎通》文，所以，能從其徵引書目看出陳立指導思想的是「《援神契》」，而不是表示「《援神契》」出處的「《太平御覽》」，當然「《太平御覽》」可以表示陳立引據文獻的來源。爲清眉目，列表明之，如下：

陳立《白虎通疏證》徵引書目表：

編號	書　名	著　者〔註1〕	出　處〔註2〕
1	《巴郡太守樊敏碑》	漢·劉盛書	
2	《白虎通義》	漢·班固撰	《通典》（7） 《太平御覽》（6） 《藝文類聚》（2） 《北堂書鈔》 《續漢志》注 《初學記》
3	《白氏六帖事類集》	唐·白居易撰	

〔註1〕「著者」一欄中，「空白」，表示所引典籍籍流傳中無著錄撰人，或不明確，括號內有「陳立云」三字的，則是陳立所稱著者。

〔註2〕「出處」一欄中，「空白」，表示所引典籍爲一次徵引文獻，對於陳立二次徵引文獻，則列出來源出處。書名括號內的數字表示大約的徵引次數。

4	《辦名記》		《禮記正義》 《春秋左傳正義》
5	《保乾圖》		《太平御覽》 《文選》注 《春秋公羊傳注疏》
6	《抱朴子》	晉・葛洪撰	
7	《北史》	唐・李延壽撰	
8	《北堂書鈔》	唐・虞世南撰	
9	《本草綱目》	明・李時珍撰	
10	《比考讖》		《古微書》
11	《鞞舞賦》	晉・張載撰	《初學記》
12	《別錄》	漢・劉向撰	《禮記正義》
13	《博物志》	晉・張華撰	直引 《初學記》（2） 《春秋公羊傳注疏》
14	《駁五經異義》	漢・許慎撰 漢・鄭玄駁	《禮記正義》（2） 《五行大義》 《毛詩正義》（5） 《史記》注 《太平御覽》 《通典》（3） 《春秋公羊傳注疏》
15	《蒼頡篇》	秦・李斯撰	《文選》注 《一切經音義》
16	《冊府元龜》	宋・王欽若撰	
17	《長曆》	三國・徐整撰	《太平御覽》
18	《長曆》	晉・杜預撰	《續漢・律曆志》
19	《長笛賦》	漢・馬融撰	
20	《初學記》	唐・徐堅撰	
21	《楚辭》	漢・王逸章句 宋・洪興祖補注	
22	《春秋公羊傳注疏》	漢・何休解詁 唐・徐彥疏	
23	《春秋公羊問答》	清・凌曙撰	

24	《春秋穀梁傳注疏》	晉・范甯集解 唐・楊士勛疏	
25	《春秋左傳正義》	周・左秋明撰 晉・杜預注 唐・孔穎達疏	
26	《春秋繁露》	漢・董仲舒撰	
27	《春秋左氏膏肓》	漢・何休撰	《禮記正義》 《春秋左傳正義》
28	《春秋穀梁廢疾》	漢・何休撰	《春秋穀梁傳注疏》 《禮記正義》
29	《春秋後傳》	晉・樂資撰	《玉海》
30	《春秋決事比》	清・龔自珍撰	《野客叢書》
31	《春秋釋例》	晉・杜預撰	《太平御覽》
32	《春秋釋例》	漢・穎容撰	《五行大義》
33	《重修廣韻》	宋・陳彭年撰	
34	《重修玉篇》	宋・陳彭年修	
35	《答蘇武書》	漢・李陵撰	
36	《大戴禮記》	漢・戴德撰	
37	《大戴禮記注》	漢・戴德撰 南北朝・盧辯注	
38	《大戴禮記補注》	清・孔廣森撰	
39	《帝命驗》		《太平御覽》
40	《帝王世紀》	晉・皇甫謐撰 清・宋翔鳳集校	《路史》注 《通典》 《太平御覽》（5） 《毛詩正義》 《五行大義》
41	《帝系譜》	唐・張愔撰	《路史》注 《通典》
42	《禘祫志》	漢・鄭玄撰	《毛詩正義》（2）
43	《典略》	三國・魚豢撰	《路史》注
44	《典論》	三國・魏文帝	《魏志》注
45	《典引》	漢・班固撰 漢・蔡邕注	

46	《東都賦》	漢·班固撰	
47	《東觀漢紀》	漢·劉珍撰	
48	《東京賦》	漢·張衡撰	
49	《東齋紀事》	宋·范鎮撰	《癸巳類稿》
50	《斗威儀》		《太平御覽》
51	《獨斷》	漢·蔡邕撰	
52	《讀禮通考》	清·徐乾學撰	
53	《爾雅》	漢·李巡注	《毛詩正義》 段校《王制》疏 《史記》注
54	《爾雅》	魏·孫炎注	《毛詩正義》 《尚書正義》 《一切經音義》 《春秋左傳正義》
55	《爾雅正義》	清·邵晉涵撰	
56	《爾雅注疏》	晉·郭璞注 宋·邢昺疏	
57	《爾雅圖讚》	晉·郭璞撰	《初學記》
58	《法訓》	三國·譙周撰	《太平御覽》
59	《翻譯名義集》	宋·釋法雲撰	
60	《方言》	漢·揚雄撰 晉·郭璞注	
61	《封禪儀》	漢·馬第伯撰	《初學記》 《續漢志》注
62	《符瑞圖》	南朝·顧野王撰	《古微書》
63	《風俗通》	漢·應劭撰	直引 《意林》
64	《感精符》		《五行大義》 《後漢書》注 《春秋左傳正義》 《白虎通》
65	《紺珠集》	宋·朱勝非撰	

66	《鈎命決》		《儀禮注疏》 《禮記正義》（4） 《太平御覽》 《周禮正義》（2） 劉仲達《鴻書》
67	《古今通論》	晉・王嬰撰	《太平御覽》
68	《古今注》	晉・崔豹撰	直引 《通典》
69	《古史考》	三國・譙周撰	《太平御覽》 《毛詩正義》（2） 《路史》注
70	《古微書》	明・孫瑴編	
71	《管子》	春秋戰國・管仲撰 唐・房玄齡注	
72	《廣川書跋》	宋・董逌撰	
73	《廣雅》	三國・張揖撰	
74	《廣雅疏證》	清・王念孫撰	
75	《廣志》	晉・郭義恭撰	
76	《龜經》	晉・史蘇撰	
77	《公羊春秋經傳通義》	清・孔廣森撰	
78	《癸巳類稿》	清・俞正燮撰	
79	《國語》	三國・韋昭注	
80	《國語》	漢・賈逵注	《類聚》 《一切經音義》
81	《含文嘉》		《路史》注 《續漢志》（2） 《文選》注（2） 《五行大義》（2） 《占經》 《太平御覽》 《禮記正義》 《廣川書跋》 《大戴禮》注 《隋志》

82	《韓非子》	春秋戰國・韓非撰	
83	《韓詩》		《後漢書》注（2） 《經典釋文》 《文選》注 《續漢志》注 《毛詩正義》（2） 《大戴禮》注 《史記》注 《藝文類聚》
84	《韓詩內傳》		《禮記正義》 《通典》 《禮記經解》注
85	《韓詩外傳》	漢・韓嬰傳	
86	《漢官儀》	宋・劉攽撰	《太平御覽》（2） 《北堂書鈔》 《續漢志》
87	《漢含孳》		《太平御覽》（2） 《初學記》
88	《漢紀》	漢・荀悅撰	
89	《漢舊事》		《初學記》
90	《漢舊儀》	漢・衞宏撰	《續漢志》注
91	《漢禮器制度》	漢・叔孫通撰	《禮記正義》
92	《漢上易》	宋・朱震撰	
93	《漢石經》		
94	《漢書》	漢・班固撰	
95	《漢書音義》	如淳注（陳立云）	《文選》注
96	《合誠圖》		《路史》注
97	《合朔儀》		
98	《河圖眞紀》		《初學記》
99	《鶡冠子解》	宋・陸佃解	
100	《洪範五行傳》	漢・劉向撰	《南齊書》（2） 《隋書》 《毛詩正義》（2） 《五行大義》（2） 《續漢志》（2） 《太平御覽》

101	《洪範正論》	清・胡渭撰	
102	《鴻書》	劉仲達（陳立云）	
103	《後漢紀》	晉・袁宏撰	
104	《後漢書》	南北朝・范曄撰	
105	《壺子》		《路史》注
106	《華山記》		《太平御覽》
107	《華嚴經音義》	唐・釋慧苑撰	
108	《華嚴音義》		
109	《淮南子》	漢・劉安撰 漢・許慎注	直引 《太平御覽》
110	《桓子新論》	漢・桓譚撰	《藝文類聚》 《初學記》 《續漢志》注
111	《環濟要畧》		《春秋左傳正義》
112	《皇覽逸禮》	繆襲（陳立云）	《初學記》
113	《皇圖要覽》		《路史》
114	《黃帝甲乙經》		《五行大義》
115	《黃帝內經素問》	唐・王冰注	
116	《黃帝占》		《占經》
117	《黃圖》		《藝文類聚》
118	《渾天論》	陳卓等（陳立云）	《占經》
119	《渾儀注》	漢・張衡（陳立云）	《占經》
120	《稽命徵》		《周禮注疏》 《禮記正義》 《後漢書》 《春秋穀梁傳注疏》
121	《稽耀嘉》		《宋書》
122	《急就篇》	漢・史游撰	
123	《集古錄》	宋・歐陽修撰	
124	《集禮》	隋・潘徽（陳立云）	《三禮圖》
125	《集論》	魏文帝撰	《初學記》
126	《集韻》	宋・丁度撰	
127	《竹書紀年統箋》	清・徐文靖撰	

128	《計然》	范子（陳立云）	《太平御覽》
129	《賈子》	漢・賈誼撰	
130	《錦帶書》	梁昭明太子撰	《路史》注
131	《晉書》	唐・房玄齡撰	
132	《晉書》	晉・王隱撰	《太平御覽》
133	《荊州占》	宋・劉嚴撰	《太平御覽》
134	《經典釋文》	唐・陸德明撰	
135	《經問》	清・毛奇齡撰	
136	《經學巵言》	清・孔廣森撰	
137	《經義考》	清・朱彝尊撰	
138	《經義述聞》	清・王引之撰	
139	《經義雜記》	清・臧琳撰 清・臧鏞堂編	
140	《九經古義》	清・惠棟撰	
141	《九錫文》		《三國志》注
142	《舊唐書》	五代・劉昫撰	
143	《決疑要注》	晉・摯虞撰	《續漢志》注
144	《亢倉子》		《路史》
145	《考靈燿》		《禮記正義》 《太平御覽》（2） 《尚書正義》 《古微書》 《周髀算經》
146	《考異郵》		《周禮注疏》（3） 《太平御覽》（2） 《續漢志》注 《春秋穀梁傳注疏》 《玉海》
147	《孔叢子》	漢・孔鮒撰	
148	《孔聖全書》	明・安松夢輯	
149	《孔子家語》	三國・王肅注	
150	《匡謬正俗》	唐・顏師古撰	
151	《坤靈圖》		

152	《困學紀聞》	宋·王應麟撰	
153	《括地志》	唐·李泰撰	
154	《老子》	周·老聃撰 三國·王弼注	
155	《老子》	唐·張君相注	《史記》注
156	《李府君墓誌銘》	獨孤及（陳立云）	
157	《禮記正義》	漢·鄭玄注 唐·孔穎達疏	
158	《禮》	唐·成伯璵注	《太平御覽》
159	《禮》	漢·盧植注	《禮記正義》
160	《禮》	三國·王肅注	《續漢志》
161	《禮記經解》	南唐·李煜撰	
162	《禮記偶箋》	清·萬斯大撰	
163	《禮記外傳》		《太平御覽》（7）
164	《禮記訓義》	清·江永撰	
165	《禮記音義隱》	三國·射慈撰	《禮記正義》
166	《禮記隱義》		《禮記正義》
167	《禮論》	宋·何承天撰	《太平御覽》 《禮記正義》
168	《禮說》	清·凌曙撰	
169	《禮說》	清·惠士奇撰	
170	《禮統》	梁·賀述撰	《太平御覽》（9） 《經典釋文》
171	《禮議》	漢·鄭玄注	《通典》
172	《隸續》	宋·洪适撰	
173	《列女傳》	漢·劉向撰	《太平御覽》 《毛詩正義》
174	《列女傳》	曹昭注（陳立云）	《毛詩正義》
175	《靈憲》	漢·張衡撰	《占經》
176	《琉球國志畧》	清·周煌撰	
177	《劉孝綽墓誌銘》	梁元帝撰	
178	《六代論》	魏·曹元首撰	
179	《六韜》	周·呂望撰	

180	《六藝論》	漢·鄭玄撰	《毛詩正義》 《禮記正義》 《北堂書鈔》
181	《魯靈光殿賦》	漢·王逸撰 晉·張載注	
182	《魯詩》		《春秋公羊傳注疏》 《毛詩正義》
183	《路史》	宋·羅泌撰	
184	《略注喪服經傳》	南北朝·雷次宗注	《通典》（2）
185	《呂氏春秋》	秦·呂不韋撰 漢·高誘注	
186	《論衡》	漢·王充撰	
187	《論語》	馬氏注	《文選》注
188	《論語》	鄭注	《毛詩正義》、
189	《論語義疏》	南北朝·皇侃撰	
190	《論語注疏》	三國·何晏集解 宋·邢昺疏	
191	《論語撰考讖》		《太平御覽》
192	《毛詩答雜問》	三國·韋昭	《太平御覽》
193	《毛詩正義》	漢·毛亨傳 漢·鄭玄箋 唐·孔穎達疏	
194	《孟子音義》	宋·孫奭撰	
195	《孟子正義》	清·焦循撰	
196	《孟子注疏》	漢·趙岐注 宋·孫奭疏	
197	《明堂月令論》	漢·蔡邕撰	《太平御覽》
198	《命曆序》		《路史》注 《禮記正義》
199	《墨子》	春秋戰國·墨翟撰	
200	《南齊書》	南北朝·蕭子顯撰	
201	《南史》	唐·李延壽撰	
202	《七經義綱》	清·樊文深撰	

203	《七錄》	南朝‧阮孝緒撰	
204	《七畧》	漢‧劉歆撰	
205	《七緯》	清‧趙在翰撰	
206	《齊詩》		《儀禮注疏》
207	《潛夫論》	漢‧王符撰	
208	《潛邱劄記》	清‧閻若璩撰	
209	《潛研堂集》	清‧錢大昕撰	
210	《琴操》	漢‧蔡邕撰	《初學記》
211	《秋興賦》	晉‧潘岳撰	
212	《羣書問答》	清‧凌曙撰	
213	《羣書治要》	唐‧魏徵輯	
214	《日知錄》	清‧顧炎武撰	
215	《瑞應圖記》	梁‧孫柔之撰	《太平御覽》
216	《三蒼》	晉‧郭璞注	《一切經音義》
217	《三國志》	晉‧陳壽撰	
218	《三禮目錄》	漢‧鄭玄撰	
219	《三禮圖》	漢‧鄭玄、阮諶等撰	《太平御覽》（11） 《隋書》 《初學記》 《藝文類聚》 《後漢書》注
220	《三禮圖》	宋‧聶崇義撰	
221	《三禮義宗》	南北朝‧崔靈恩撰	直引 《禮記正義》（3） 《五行大義》（12） 《太平御覽》 《後漢書》注 《玉海》
222	《三畧》	漢‧黃石公撰	
223	《三統曆》	漢‧劉歆撰	《漢書》
224	《三統術》	漢‧劉歆撰	《漢書》
225	《三正記》		《風俗通》
226	《喪服變除》	漢‧戴德撰	《通典》

227	《喪服變除圖》	三國・射慈撰	《儀禮注疏》 《通典》 《禮記正義》 《太平御覽》
228	《喪服圖》	唐・楊垂撰	
229	《喪服釋疑》	晉・劉智撰	《通典》
230	《山堂考索》	宋・章如愚撰	
231	《山海經傳》	晉・郭璞撰	
232	《上林賦》	漢・司馬相如	
234	《尚書》	漢・馬融注	《經典釋文》
235	《尚書》	漢・鄭玄注	《尚書注疏》 《毛詩正義》 《周禮注疏》 《史記集解》
236	《尚書》	三國・王肅注	《尚書正義》
237	《尚書大傳》	漢・伏勝撰 漢・鄭玄注 清・陳壽祺輯校	《孝經注疏》 《毛詩正義》
238	《尚書今古文注疏》	清・孫星衍撰	
239	《尚書後案》	清・王鳴盛撰	
240	《尚書集注音疏》	清・江聲撰	
241	《尚書正義》	漢・孔安國傳 唐・孔穎達疏	
242	《慎子》	春秋戰國・慎到撰	
243	《聖證論》	三國・王肅注	
244	《尸子》	周・尸佼著	
245	《詩考》	宋・王應麟撰	
246	《詩緯》	魏・宋均注	《大戴禮記》
247	《石浮圖頌》	王利貞（陳立云）	
248	《石渠禮論》	漢・戴聖撰	《通典》（3）
249	《史記》	漢・司馬遷撰	
250	《史記集解》	宋・裴駰撰	
251	《史記索隱》	唐・司馬貞撰	

252	《史記正義》	唐・張守節撰	
253	《世本》		《太平御覽》 《毛詩正義》 《風俗通》（2） 《路史》注（2） 《廣韻》 《史記》注 《春秋左傳正義》（2） 《禮記正義》
254	《事類賦》	宋・吳淑著	
255	《諡法廣諡》	漢・劉熙撰	
256	《釋名》	漢・劉熙撰	
257	《釋滯》	晉・虞喜撰	《通典》
258	《十駕齋養新錄》	清・錢大昕撰	
259	《書傳旁說》		《毛詩正義》
260	《水經注》	南北朝・酈道元撰	
261	《說郛》	元末明初・陶宗儀	
262	《說題詞》		《太平御覽》（14） 《毛詩正義》（2） 《藝文類聚》（5） 《經典釋文》 《水經注》 《初學記》（2）
263	《說文解字》	漢・許慎撰	
264	《說文解字注》	清・段玉裁撰	
265	《說苑》	漢・劉向撰	
266	《朔閏異同表》	清・羅士琳撰	
267	《司空箴》	漢・揚雄撰	
268	《司馬法》	春秋戰國・司馬穰苴撰	
269	《思玄賦》	漢・張衡撰	
270	《四書典故辨正》	清・周炳中撰	
271	《四書賸言》	清・毛奇齡撰	
272	《四子講德論》	漢・王襃撰	
273	《四書釋地》	清・閻若璩撰	

274	《宋書》	南北朝・沈約撰	
275	《搜神記》	晉・干寶撰	
276	《隋書》	唐・魏徵撰	
277	《孫子》	春秋戰國・孫武撰	
278	《太古冠冕圖》		《史記》注
279	《太康地記》		《水經注》
280	《太平經》	漢・佚名撰	《五行大義》
281	《太平御覽》	宋・李昉等撰	
282	《太玄經》	漢・揚雄撰 晉・范望注	
283	《泰山石刻》	秦・李斯撰	
284	《唐會要》	宋・王溥撰	
285	《唐石經》		
286	《堂邑令費鳳碑》		
287	《天文論》	虞喜（陳立云）	《珠林》
288	《通典》	唐・杜佑撰	
289	《通鑑前編》	宋・金履祥撰	
290	《通老論》	魏・阮籍撰	《太平御覽》
291	《通俗文》	漢・服虔撰	《太平御覽》
292	《通藝錄》	清・程瑤田撰	
293	《推度災》		《宋書》 《太平御覽》 《詩緯》 《毛詩正義》 《初學記》
294	《魏橫海將軍呂君碑》	宋・洪适撰	《隸釋》
295	《魏氏春秋》	晉・孫盛撰	
296	《魏書》	南北朝・魏收撰	
297	《魏台訪議》		《通典》
298	《文選》	南北朝・蕭統編 唐・李善注	

299	《文獻通考》	元・馬端臨撰	
300	《文燿鈎》		《五行大義》（5） 《太平御覽》 《史記》注 《孔聖全書》 《禮記正義》
301	《文子》	春秋戰國・辛銒撰	直引 《太平御覽》
302	《吳越春秋》	漢・趙曄撰	
303	《五經要義》	漢・劉向撰	《續漢志》注 《太平御覽》 《北堂書鈔》
304	《五經然否論》	晉・譙周撰	《通典》
305	《五經通義》	漢・劉向撰	《太平御覽》（4） 《藝文類聚》（2） 《廣韻》 《初學記》 《北堂書鈔》 《通典》
306	《五經析疑》	晉・邯鄲綽撰	《太平御覽》
307	《五經要義》		《通典》（2） 《太平御覽》 《初學記》（2）
308	《五經異義》	漢・許慎撰	《太平御覽》（7） 《北堂書鈔》 《禮記正義》（25） 《通典》（9） 《五行大義》 《初學記》 《北堂書鈔》 《毛詩正義》（6） 《尚書正義》 《春秋公羊傳注疏》 《周禮正義》 《春秋穀梁傳注疏》

309	《五經異義疏證》	清・陳壽祺撰	
310	《五禮駁》	晉・孫毓撰	《禮記正義》
311	《五行大義》	隋・蕭吉撰	
312	《五宗圖》		《通典》
313	《物理論》	晉・楊泉撰	
314	《務成子》		
315	《西都賦》	漢・班固撰	
316	《西京賦》	漢・張衡撰	
317	《西京雜記》	晉・葛洪撰	直引 《初學記》
318	《西征記》	晉・戴延之撰	《文選》注
319	《鄉黨圖考》	清・江永撰	
320	《小爾雅義證》	清・胡承珙撰	
321	《孝經》	漢・鄭玄注	《後漢書》注 《毛詩正義》
322	《孝經注疏》	唐玄宗注 宋・邢昺疏	
323	《新唐書》	宋・歐陽修撰	
324	《新書》	漢・賈誼撰	
325	《新序》	漢・劉向撰	
326	《新議》	三國・劉廙撰	
327	《新語》	漢・陸賈撰	
328	《閒居賦》	晉・潘岳撰	
329	《星極則》		《續漢志》注
330	《刑德放》		《藝文類聚》 《五行大義》 《太平御覽》
331	《兄弟誥》	晉・夏侯湛撰	
332	《續漢書志》	晉・司馬彪撰 梁・劉昭注補	
333	《璇璣鈐》		《文選》注 《尚書正義》

334	《學春秋隨筆》	清‧萬斯大撰	
335	《荀子》	春秋戰國‧荀況撰 唐‧楊倞注	
336	《顏氏家訓》	南北朝‧顏之推撰	
337	《鹽鐵論》	漢‧桓寬撰	
338	《演孔圖》		《藝文類聚》（2） 《路史》注（5）
339	《晏子春秋》	春秋戰國‧晏嬰撰	
340	《揚子法言》	漢‧揚雄撰 晉‧李軌注	
341	《袁子正論》	晉‧袁准撰	
342	《野客叢書》	宋‧王楙撰	
343	《一切經音義》	唐‧釋玄應撰	
344	《儀禮集釋》	宋‧李如圭撰	
345	《儀禮集說》	元‧敖繼公撰	
346	《儀禮經傳通解》	宋‧朱熹撰	
347	《儀禮經傳通解續》	宋‧黃榦撰	
348	《儀禮句讀》	清‧張爾岐撰	
349	《儀禮圖》	清‧張惠言撰	
350	《儀禮喪服文足徵記》	清‧程瑤田撰	
351	《儀禮釋官》	清‧胡匡衷撰	
352	《儀禮注疏》	漢‧鄭玄注 唐‧賈公彥疏	
353	《易本義》	宋‧朱熹撰	
354	《易林》	漢‧焦延壽撰	
355	《易緯乾鑿度》	漢‧鄭玄注	
356	《易緯稽覽圖》	漢‧鄭玄注	
357	《易緯通卦驗》	漢‧鄭玄注	《周禮注疏》
358	《易緯是類謀》	漢‧鄭玄注	直引 《繹史》
359	《易占》	漢‧京房撰	《初學記》

360	《異同評》	晉‧孫毓撰	《毛詩正義》
361	《逸周書》	晉‧孔晁注	
362	《意林》	唐‧馬總撰	
363	《藝文類聚》	唐‧歐陽詢撰	
364	《繹史》	清‧馬驌撰	
365	《陰陽書說》	櫻氏（陳立云）	《五行大義》
366	《尹文子》	春秋戰國‧尹文撰	
367	《永樂大典》	明‧解縉編	
368	《詠史詩》	晉‧張景陽撰	
369	《樂動聲儀》		《古微書》 《太平御覽》
370	《樂府詩集》	宋‧郭茂倩輯	
371	《樂叶圖徵》		《太平御覽》 《五行大義》 《周禮注疏》 《初學記》
372	《羽獵賦》	漢‧揚雄撰	
373	《玉海》	宋‧王應麟撰	
374	《元命苞》		《文選》注 《五行大義》（12） 《太平御覽》（21） 《禮記正義》（7） 《春秋公羊傳注疏》（3） 《周禮正義》 《史記索隱》 《路史》（2） 《北堂書鈔》（5） 《藝文類聚》（2） 《初學記》（2） 《宋書》 《翻譯名義》 《古微書》（2） 《占經》（2） 《毛詩正義》（3）

375	《援神契》		《藝文類聚》（5） 《太平御覽》（11） 《禮記正義》（6） 《水經注》 《孝經注疏》 《春秋左傳正義》 《後漢書》（5） 《初學記》（3） 《古微書》 《路史》 《大戴禮》注 《占經》 《論語注疏》
376	《怨曉月賦》	宋・謝靈運撰	
377	《月令章句》	漢・蔡邕撰	《通典》 《太平御覽》（4） 《說郛》
378	《越絕書》	漢・袁康撰	
379	《運斗樞》		《占經》 《毛詩正義》 《史記》注 《風俗通》（2）
380	《雜詩》	漢・蘇武撰	
381	《占經》	唐・瞿曇悉達撰	
382	《戰國策》	漢・高誘注 宋・姚宏續注	
383	《箴膏肓》	漢・鄭玄撰	《毛詩正義》
384	《鄭志》	三國・鄭小同編	《通典》（4） 《毛詩正義》（4） 《禮記正義》（2）
385	《汁光紀》		《五行大義》
386	《志林》	晉・虞喜撰	《史記正義》
387	《摘雒戒》		《毛詩正義》

388	《中候勑省圖》		《毛詩正義》
389	《中候洛予命》		《太平御覽》
390	《中候我應》		《毛詩正義》（2）
391	《中侯握河紀》		《毛詩正義》 《路史》注
392	《中華古今注》	五代・馬縞撰	
393	《中論》	漢・徐幹撰	
394	《鐘律書》	漢・劉歆撰	《風俗通》（2）
395	《周髀算經》	漢・趙爽注 南北朝・甄鸞述 唐・李淳風注釋	
396	《周官祿田考》	清・沈彤撰	
397	《周禮》	晉・干寶注	《續漢志》注 《後漢書》注 《禮記正義》
398	《周禮注疏》	漢・鄭玄注， 唐・賈公彥疏	
399	《周書》	唐・令狐德棻撰	
400	《周易集解》	唐・李鼎祚撰	
401	《周易繫辭義》	齊・劉瓛撰	《禮記正義》
402	《周易正義》	三國・王弼注 晉・韓康伯注 唐・孔穎達疏	
403	《莊子》	春秋戰國・莊周撰 晉・郭象注	
404	《子華子》	春秋戰國・程本撰	
405	《字林》	晉・呂忱	《一切經音義》（4） 《文選》注（2）
406	《奏罷瓊林庫狀》	唐・陸贄	
407	《佐助期》		《太平御覽》

二、陳立《白虎通疏證》引盧校考

　　陳立基本上是以抱經堂本《白虎通》爲底本進行疏解的，並且吸納了很多盧文弨的校注，在引用盧校的方式上，除了直接引用外，陳立還對盧校進行了一些改造，如襲用、省字、改字、增字等等，其中，對「襲用」部分，則要一一對校盧文弨的校注才能確定，據統計，約有 245 例之多。在引用盧校的同時，陳立還對盧校有主觀的判斷，或肯定、或否定等等，即對盧校的施爲。因涉及文獻較多，引盧校的方式各舉 5 例，對盧校的施爲僅各舉 1 例，列表明之，如下：

陳立《白虎通疏證》引盧校考

大　　類	小　　類	陳立《白虎通疏證》文
引盧校的方式	直引	1. 卷四《五行・論人事取法五行》：親屬臣諫不相去，何法？法木枝葉不相離也。 疏證：盧云：「舊本『木』上，有『水』字，衍。」
		2. 卷五《三軍・論商周改正誅伐先後之義》：又改正朔者，文代其質也。文者先其文，質者先其質。故《論語》曰：「予小子履，敢用元（玄）牡，敢昭告於皇天上帝。」此湯伐桀告天，用夏家之牲也。 疏證：盧云：「此段以《三正》篇互參訂。」
		3. 卷五《誅伐・總論誅討征伐之義》：誅者何謂也？誅，猶責也。誅其人，責其罪，極其過惡。《春秋》曰：「楚子虔誘蔡侯班煞之於申。」傳曰：「誅君之子不立。」 疏證：盧云：「『於申』下，當并引執蔡世子有以歸，方與下文合。」
		4. 卷五《諫諍・總論諫諍之義》：天子置左輔、右弼、前疑、後承，以順。 疏證：「以順」下，盧云：「疑有脫文。」
		5. 卷一二《闕文・郊祀》：王者所以祭天何？緣事父以事天也。 疏證：盧云：「一作『緣祀父以祭天』。」

襲用（約245例）	1. 卷二《號‧論天子謚南郊》：天子崩，大臣至南郊謚之者何？以爲人臣之義，莫不欲襃稱其君，掩惡揚善者也。故之南郊，明不得欺天也。故《曾子問》：「孔子曰：『天子崩，臣下之南郊告謚之。』」
	疏證：「大臣」舊作「臣下」，《通典》、《御覽》並作「大臣」，《曾子問》疏引作「大臣之於南郊，稱天以謚之者」。「襃稱」，舊作「襃大」，《通典》、《御覽》並作「稱」，正義作「爲人臣子，莫不欲襃稱其君」。
	2. 卷六《巡狩‧論巡守述職行國行邑義》：三歲一閏，天道小備，五歲再閏，天道大備。故五年一巡守，三年，二伯出述職黜陟。
	疏證：「五年」舊作「五歲」，據《王制》疏改。「三年」下，舊有「小備」二字，衍。
	3. 卷七《攷黜‧論三考黜陟義》：受命之王，致太平之主，美羣臣上下之功，故盡封之。及中興征伐，大功皆封，所以襃大功也。
	疏證：「襃」舊作「著」，無「也」字，據《御覽》百九十八改正。
	4. 卷一○《紼冕‧論皮弁》：《禮》曰：「三王共皮弁素積。」責積者，積素以為裳也。言腰中辟積，至質不易之服，反古不忘本也。
	疏證：「素積者」七字，及下「言」字，據《續漢志》注補。
	5. 卷一一《崩薨‧論崩薨異稱》：士曰不祿。不終君之祿，祿之言消也，身消名彰。
	疏證：舊本作「失其忠節，不忠，終君之祿」，文甚譌舛。
省字（約39例）	1. 卷三《社稷‧論誡社》：故《春秋公羊傳》曰：「亡國之社，奄其上，柴其下。」《郊特牲》記曰「喪國之社屋之」，示與天地絕也。
	疏證：「記」字舊脫，「示」訛「自」，盧據《御覽》正。
	按：考盧校本注：「『記』字，舊脫，『示』字訛作『自言』，俱據《御覽》補正。」考元大德本作「自言」，陳立引盧校時省字而致脫文。

2. 卷四《京師‧論遷國》：周家始封於何？后
稷封於邰，公劉去邰之邠。《詩》曰：「即有
邰家室。」又曰：「篤公劉，於邠斯觀。」
周家五遷，其意一也。皆欲成其道也。時寧
先白王者，不以諸侯移，必先請從然後行。

疏證：盧云：「言必請之於<u>王</u>。」是也。

按：考盧校本注：「言必請之於王者而後遷也。」
陳立引時，省「者而後遷也」五字而致脫
文。

3. 卷四《五行‧總論五行》：言行者，欲言為
天行氣之義也。

疏證：「欲言」，《月令》疏作「言欲」，盧云：
「書內『欲言』處甚<u>多，今俱從舊本</u>，
不改，《御覽》十七作『猶言』。『欲』
與『猶』，本可通用。」

按：考盧校本注：「『欲言』，《禮記‧月令》正
義作『言欲』，案書內作『欲言』處甚多，
自是一種文法，今俱從舊本，不改，《太
平御覽》卷十七作『猶言』。『欲』與『猶』，
本可通用。」陳立節引盧校文。

4. 卷八《性情‧論五藏六府主性情》：耳為之
候何？耳能徧內外，別音語，火照有似於
禮，上下分明。

疏證：盧云：「『徧』與『<u>辨</u>』同。」

按：考盧校本注：「『徧』與『<u>辨</u>』義同。」陳
立引時省「義」字。

5. 卷九《日月‧論釋日月星之名》：月之為言
闕也。有滿有闕也。所以有闕何？歸功於日
也。三日成魄，八日成光，二八十六日轉而
歸功晦，至朔旦受符復行。故《援神契》曰：
「月三日而成魄，三月而成時。」

疏證：盧據《御覽》四補「三日成魄」四字，
刪去「<u>十六</u>」下一「日」字，此六句出
《援神契》，皆有韻，而此下所引，則
見今《鄉飲酒義》。

按：「十六」，盧校本引作「二八十六」，陳立
引時省，不影響文義，陳立引據盧校時，
這類省字的情況很多。

改字（約16例）	1. 卷三《社稷·論祭社稷有樂》：祭社稷有樂乎？《樂記》曰：「樂之施於金石，越於聲音，用於宗廟社稷。」
	疏證：舊「金石」下，衍「絲竹」二字，「用」下，衍「之」字，盧依<u>《續漢志》注</u>刪。
	按：考盧校本注：「作舊「『金石』下，衍『絲竹』二字，『用』下，衍『之』字，今從劉昭注刪，與本書合。」陳立引時將「劉昭注」改作「《續漢志》注」。
	2. 卷四《五行·總論五行》：土在中央。中央者土。土主吐含萬物，土之爲言吐也。
	疏證：「中央者土，土」，舊本止有「者」字，盧據《御覽》<u>補</u>，《御覽》無「含」字。
	按：「補」，盧校本作「增」，陳立引時改作「補」。
	3. 卷五《諫諍·論記過徹膳之義》：《禮》曰：「一穀不升，不備鶉鷃。二穀不升，不備鳧雁。三穀不升，不備雉兔。四穀不升，不備囿獸。五穀不升，不備三牲。」
	疏證：此處舊本文多脫，盧據《詩·雲漢》及《禮·曲禮》<u>疏</u>補。
	按：考盧校本注：「此處舊本文多脫，今據《詩·雲漢》正義及《曲禮下》正義增補。」「正義」，陳立引時改作「疏」字。
	4. 卷六《封禪·論符瑞之應》：日麻得其分度，則蓂莢生於階閒。蓂莢者，樹名也。月一日一莢生，十五日畢。至十六日一莢去，故夾階而生，以明日月也。
	疏證：此節舊本多訛，盧據<u>《類聚》</u>改正。
	按：考盧校本注：「以上舊本多訛舛，悉據《藝文》改正。」陳立將「藝文」，改作「類聚」。
	5. 卷九《天地·釋天地之名》：天者，何也？天之爲言鎮也。居高理下，爲人鎮也。
	疏證：《類聚》引作「天者，身也」。盧云：「天與身，聲相近，故<u>天竺</u>又爲身毒也。」
	按：「天竺」，盧校本作「天篤」，陳立引時改「篤」爲「竺」。

增字（約15例）	1. 卷三《社稷‧論社稷之壇》：其壇大如何？《春秋》文義曰：「天子之社稷廣五丈，諸侯半之。」
	疏證：舊作「何如」，盧依《通考》改。「文義」，《通典》作「大義」。案《漢志》亦無《春秋大義》，未知出何書，盧疑爲亦出《尚書》逸篇。
	按：「盧疑爲亦出《尚書》逸篇」，考盧校本注：「此二句，亦出《尚書》逸篇」。盧文弨對此的判斷是確定的，陳立引時增「疑」字。
	2. 卷四《封公侯‧論封諸侯親賢之義》：「普天之下，莫非王土，率土之賓，莫非王臣」。海內之衆已盡得使之，不忍使親屬無短足之居，一人使封之，親親之義也。
	疏證：盧云：「短足，疑是託足之誤。」《漢書》賈山《至言》曰：「使其後世曾不得邪徑而託足焉。」
	按：考盧校本注「『短足』疑是『託足之誤』，賈山《至言》曰：『使其後世曾不得邪徑而託足焉。』」陳立引時增「漢書」二字。
	3. 卷四《京師‧論遷國》：周家始封於何？后稷封於邰，公劉去邰之邠。《詩》曰：「即有邰家室。」又曰：「篤公劉，於邠斯觀。」周家五遷，其意一也。皆欲成其道也。時寧先白王者，不以諸侯移，必先請從然後行。
	疏證：「時寧先白王者」，舊作「時寧先皇者」，誤。
	按：考盧校本注：「『白王者』，舊作『皇者』訛。陳立抄襲時增「時寧先」三字。
	4. 卷九《姓名‧論名》：人拜所以自名何？所以立號自紀。禮，拜自後，不自名何？備陰陽也。
	疏證：盧云：「未詳。」又云：「『立號』，舊本作『泣號』，一本作『號泣』，皆譌。」
	按：「一本作號泣」，考盧校本爲「一作號泣」，無「本」字。

		5. 卷一一《崩薨・論贈襚賵贈》：所以相佐給不足也。故弔詞曰：「知生則賵贈。」 疏證：<u>《說題詞》</u>及《說苑・修文》篇並云「知生者賵贈」。舊脫「贈」字，依盧補。 按：考盧校本注：「『贈』字，舊脫，案《說苑・修文篇》亦云『知生者賵贈』。」陳立襲用盧校，且增了「說題詞」三字。
	誤字（約 15 例）	1. 卷四《封公侯・論設牧伯》：唐、虞謂之牧者何？尚質。使大夫往來牧視諸侯，故謂之牧。旁立三人，凡十二人。《尚書》曰：「咨十有二牧。」 疏證：盧云：「旁與方同，謂四方方立三人。」《尚書》「方鳩僝功」，《說文》引作「旁逑僝功」。方施象<u>形</u>，此書《聖人》篇引作「旁施」。《士喪禮》注「今文『旁』爲『方』也。」 按：「方施象形」，「形」當爲「刑」字誤。考盧校本作「刑」，是。陳立引誤。
		2. 卷七《攷黜・論九錫》：玉瓚者，器名也。所以灌鬯之器也。以圭飾其柄，灌鬯貴玉氣也。 疏證：「氣」，舊皆譌作「<u>是</u>」，盧案《郊特牲》云：「灌以圭璋，用玉氣也」，作「氣」，爲是。 按：陳立引盧文弨《〈白虎通〉校勘補遺》文，「是」，盧校本注作「器」，是。陳立引誤。
		3. 卷七《聖人・論異表》：帝嚳駢齒，上法月參，康度成紀，取理陰陽。 疏證：《御覽》引此，「駢齒」作「<u>駢乾</u>」，「康度」作「<u>集咸</u>」，「取理」作「成理」。 按：考盧校本注：「《御覽》『駢齒』作『併幹』，『康度』作『集威』……」考《太平御覽・皇王部・顓頊高陽氏》引《春秋元命苞》曰：「顓頊併幹，上法月參，集威成紀，以理陰陽。」[註3] 陳立引作「駢乾」、「集咸」，誤。

		4. 卷七《聖人・論異表》：舜重瞳子，是謂滋涼，上應攝提，以象三光。 疏證：「滋涼」，舊作「玄景」，一作「承原」，一作「慈掠」，盧據《初學記》宋注：「有滋液之潤，清涼光明而多見也。」 按：「一作慈掠」，考盧校本注作「又作慈涼」，陳立引作「掠」字，誤。
		5. 卷八《性情・論精神》：精神者，何謂也？精者，靜也，太陰施化之氣也。象水之化，須待任生也。 疏證：「水」，舊作「<u>大</u>」，訛。又，無「須待」二字，盧據《御覽》正。 按：「大」，考盧校本作「火」。元大德本作「火」，陳立引誤。
對盧校的施爲	匡正盧校（約31例）	卷五《諫諍・論三諫待放之義》：親屬諫<u>不得放者</u>，骨肉無相去離之義也。 疏證：盧改「得」作「待」，誤。上《五行》篇云：「親屬臣諫不相去何法？法木枝葉不相離也。」骨肉無相離之義，故不得放也。 按：「不得放者」，考盧校本作「不待放者」，注：「『待』，舊作『得』，誤。」據文義，當作「得」。陳立從舊本作「得」，且言說公允。
	佐證盧校（約14例）	卷一一《崩薨・論天子舟車殯》：臣子更執紼，晝夜常<u>千二百人</u>。紼者，所以牽持棺者也。 疏證：「千二百人」，舊作「百二十二人」，盧據《御覽》改。案以鄭氏《遂人》注校之，則盧是也。 按：考《太平御覽・禮儀部・殯》引《白虎通》曰：「天子舟車殯，爲水火也。故棺在車，在舟中，臣子更執紼，晝夜千二百人，紼所以牽持棺者也。」〔註4〕陳立上文引《周禮・遂人》云：「大喪，帥六遂之役而致（人／之）。及葬，帥而屬六綍。」注：「綍，舉棺索也。用紼旁六。執之者，天子其千人與。」陳立「以鄭氏《遂人》注校之」，佐證盧校。

〔註4〕李昉等撰《太平御覽》卷五五〇，頁2490上、下欄。

三、中華本斷句標點訛誤考

本文上編已論證中華本《白虎通疏證》存在的問題，爲了明確該本在斷句標點方面存在的問題，本文就《白虎通疏證》十二卷，每一卷選擇4～6例，列表明之，如下：

中華本斷句標點訛誤表：

編號	分 類	篇目	中華本《白虎通疏證》文
1	引文分割失當與漏施標點	爵	原文：《春秋傳》曰：「天子三公稱公，王者之後稱公，其餘大國稱侯，小者伯、子、男也。」 疏證：若然，春秋之世，杞不稱公者，《公羊》莊二十七年「杞伯來朝」注云：「春秋黜杞，新周而故宋。」以春秋當新王，則《公羊》家等周於二王之後，故杞不稱公也。（第7頁） 按：「杞伯來朝」與下《公羊傳》何休注文當斷句。又，「以春秋當新王」，爲《公羊傳‧莊公二十七年》何休注文〔註6〕，非陳立語，中華本標點誤。正確的標點爲：《公羊》莊二十七年「杞伯來朝」，注云：「春秋黜杞，新周而故宋。以春秋當新王。」則《公羊》家等周於二王之後，故杞不稱公也。
2	破句	爵	原文：以《春秋》魯成公幼少，與諸侯會，不見公，經不以爲魯恥。明不與童子爲禮也。 疏證：舊本作「與諸侯會，公不見」，云「經不以魯恥」。（第31～32頁） 按：「云」，元大德本、元刻本、盧校本注作「之」，「之」當屬上讀。中華本因未校出「云」之訛而致破句。正確的標點爲：舊本作「與諸侯會，公不見之，經不以魯恥」。
3	引文分割失當	爵	原文：父在稱世子何？繫於君也。 疏證：《服問》云「君所主夫人妻大子嫡婦」，鄭注：「言妻見大夫已下，亦爲此三人爲喪主。嫡子則通於士，凡嫡妻所生謂之嫡子。士有一妻一妾故也。又士有二廟，亦取嫡嫡相承之義，至家子則通乎庶人。」（第25頁）

〔註6〕徐彥《春秋公羊傳注疏》卷八，阮元校刻《十三經注疏》本頁2239下欄。

			按：「已」，當爲「以」。又，「嫡子」至「庶人」四十四字，非《禮記・服問》鄭玄注〔註7〕，爲陳立語，中華本標點誤。正確的標點爲：《服問》云「君所主夫人妻大子嫡婦」，鄭注：「言妻見大夫以下，亦爲此三人爲喪主。」嫡子則通於士，凡嫡妻所生謂之嫡子。士有一妻一妾故也。又士有二廟，亦取嫡嫡相承之義，至冢子則通乎庶人。
4	引文分割失當	爵	原文：故《尙書》曰：王再拜興對，「乃受銅瑁」，明爲繼體君也。 疏證：《文質》篇云：「瑁之言冒也，上有所覆，下有所冒，義取覆天下，故爲大同也。」（第36～37頁） 按：「《文質》」，當爲「《瑞贄》」，盧校本注：「俗本作《文質》，今訂正。其《文質》章本在下《三正》篇。」〔註8〕陳立基本上依據盧校本《目錄》，此蓋陳立行文時疏忽。考《白虎通・瑞贄》云：「瑁之爲言冒也，上有所覆，下有所冒也。」陳立云：「蓋以同瑁爲一物，亦取覆冒天下，故爲大同也。」〔註9〕「之言」，當爲「之爲言」。又，「義」，《瑞贄》篇陳立疏解作「亦」，非。又，「取覆」下，脫「冒」字。又，「義取」至「同也」十字，非《瑞贄》篇文〔註10〕。正確的標點爲：《瑞贄》篇云「瑁之爲言冒也，上有所覆，下有所冒」，義取覆冒天下，故爲大同也。
5	引文分割失當	號	原文：三王者，何謂也？夏、殷、周也。故《禮・士冠經》曰：「周弁殷冔夏收，三王共皮弁」也。 疏證：《詩・棫樸》云「左右趣之」，箋：「左右之諸臣皆趣疾於事，謂相助積薪。唯天子祭天始燔柴。」（第55頁） 按：「趣」，當爲「促」，「唯天子祭天始燔柴」八字，非《詩・棫樸》鄭玄箋〔註11〕，爲陳立語。正確的標點爲：《詩・棫樸》云「左右趣之」，箋：「左右之諸臣皆促疾於事，謂相助積薪。」唯天子祭天始燔柴。

〔註7〕孔穎達《禮記正義》卷五七，阮元校刻《十三經注疏》本，頁1659上欄。

〔註8〕班固等撰《白虎通》目録，《叢書集成初編》第238冊，頁15。

〔註9〕陳立《白虎通疏證》卷八，《皇清經解續編》第5冊，頁549上欄。

〔註10〕陳立《白虎通疏證》卷八，《皇清經解續編》第5冊，頁549上欄。

〔註11〕孔穎達《毛詩正義》卷一六，阮元校刻《十三經注疏》本，頁514上欄。

6	引文分割失當	號	原文：非明王之法不張。 疏證：盧云：「此從程本定，小字本、元本作『非明王之張法』，非也」。（第63頁） 按：「王之張法」之「之」，淮南本作「云」，中華本已改，但未出校。元刻本、元大德本作「非明王之張法」。考《〈白虎通〉校勘補遺》云：「此從程本定，小字本、元本竝作「非明王之張法」。」〔註12〕無「非也」二字，「非也」二字乃陳立語，否定小字本、元本「非明王之張法」。中華本標點誤。鑒於陳立有抄襲盧校的情況，此句可標點爲：盧云：「此從程本定。」小字本、元本作「非明王之張法」，非也。或增加「非明王之張法」六字，可標點爲：盧云：「此從程本定，小字本、元本作『非明王之張法』。」「非明王之張法」，非也。
7	引文分割失當	謚	原文：謚者，何也？謚之爲言引也，引列行之迹也。所以進勸成德，使上務節也。 疏證：《檀弓上》「其愼也，注：「愼當爲引。」禮家讀然，聲之誤也。音義輾轉亦得相通。（第67~68頁） 按：「禮家讀然，聲之誤也」，爲《禮記・檀弓上》鄭玄注〔註13〕，非陳立語。正確的標點爲：《檀弓上》「其愼也」，注：「愼當爲引，禮家讀然，聲之誤也。」音義輾轉亦得相通。
8	引文分割失當	謚	原文：《春秋》曰：「丁巳葬」，「戊午日下側乃克葬。」明祖載而有謚也。 疏證：何注《公羊》云：「昃，日西也。」下昃蓋晡時。（第69頁） 按：考《公羊傳・定公十五年》：「丁巳，葬我君定公，雨不克葬，戊午，日下昃，乃克葬。」何休注：「昃，日西也，《易》曰：『日中則昃，是也。』下昃，蓋晡時。」〔註14〕「日下昃」，阮校：「宋本、閩本同、監、毛本『昃』改『昃』，非，注及疏同，按《釋文》、《唐石經》作『昃』。」〔註15〕陳立所見蓋監本或毛本矣。「下昃蓋晡時」，非陳立語，此句正確的標點爲：何注《公羊》云「昃，日西也」，「下昃，蓋晡時」。

〔註12〕盧文弨《〈白虎通〉校勘補遺》，《叢書集成初編》第239冊，頁3。
〔註13〕孔穎達《禮記正義》卷六，阮元校刻《十三經注疏》本，頁1275下欄。
〔註14〕徐彥《春秋公羊傳注疏》卷二六，阮元校刻《十三經注疏》本，頁2344上欄。
〔註15〕阮元《十三經注疏校勘記》，阮元校刻《十三經注疏》本，頁2345中欄。

9	引文分割失當	社稷	原文：社無屋何？達天地氣。故《郊特牲》曰：「天子大社，必受霜露風雨，以達天地之氣。」
			疏證：《郊特牲》曰：「喪國之社屋之，<u>示與天地絕也</u>。」明當王之社不屋也。（第 89 頁）
			按：考《禮記・郊特牲》：「是故喪國之社屋之，不受天陽也。」〔註 16〕「示與天地絕也」，乃陳立語，中華本標點誤。正確的標點為：《郊特牲》曰：「喪國之社屋之。」示與天地絕也，明當王之社不屋也。
10	引文分割失當	禮樂	原文：王者制夷狄樂，不制夷狄禮何？以為禮者，身當履而行之，夷狄之人，不能行禮。樂者，聖人作為以樂之耳。故有夷狄樂也。
			疏證：《周禮》疏引云：「<u>禮者，所以均中國也。即為夷禮，恐夷人不能隨中國禮也。故《春秋》於夷狄之樂不備責，諸夏有即夷禮者，即夷之也</u>。」（第 111 頁）
			按：《周禮・鞮鞻氏》疏引《白虎通》云：「王者制夷狄樂，不制夷狄禮者，所以拘中國，不制禮，恐夷人不能隨中國禮故也。」〔註 17〕陳立斷章取義，引此句訛誤甚多。又，「故春」至「之也」二十二字，非《周禮》疏文，乃陳立語。中華本標點誤。正確的行文標點為：《周禮》疏引云：「不制夷狄禮者，所以拘中國，不制禮，恐夷人不能隨中國禮故也。」故《春秋》於夷狄之樂不備責，諸夏有即夷禮者，即夷之也。
11	引文分割失當	禮樂	原文：《郊特牲》曰：「歌者在上。」《論語》曰「季氏八佾舞於庭。」《書》曰：「下管鞀鼓」，「笙鏞以間」。
			疏證：《聘禮》注：「中庭者，南北之中，<u>入門至階，皆為之庭也。古者吹籥以節舞，故管亦於堂下</u>。」（第 116 頁）
			按：「入門」至「堂下」二十二字，非《聘禮》注文〔註 18〕。正確的標點為：《聘禮》注「中庭者，南北之中」，入門至階，皆為之庭也。古者吹籥以節舞，故管亦於堂下。

〔註 16〕孔穎達《禮記正義》卷二五，阮元校刻《十三經注疏》本，頁 1449 上欄。
〔註 17〕賈公彥《周禮注疏》卷二四，阮元校刻《十三經注疏》本，頁 802 上欄。
〔註 18〕賈公彥《儀禮注疏》卷二二，阮元校刻《十三經注疏》本，頁 1062 上欄。

12	破句與引文分割失當	禮樂	原文：《郊特牲》曰：「歌者在上。」《論語》曰「季氏八佾舞於庭。」《書》曰：「下管鞉鼓」，「笙鏞以間」。
			疏證：《儀禮·大射儀》：「<u>頖倚於頌磬西，紘備舞勺設之</u>。」是也。（第116頁）
			按：考《儀禮·大射儀》云：「頖倚於頌磬西紘。」〔註19〕「紘」當屬上讀，「頖倚於頌磬西紘」卒句，是。又，「備舞勺設之」，非《儀禮》文，乃陳立語，中華本標點誤。正確的標點為：《儀禮·大射儀》：「頖倚於頌磬西紘。」備舞勺設之，是也。
13	引文分割失當	封公侯	原文：大夫不世位何？股肱之臣任事者也。
			疏證：《書》疏引鄭《書》注云：「動作視聽，皆由臣也，<u>故以股肱喻臣也。</u>」（第145～146頁）
			按：考《尚書》孔疏引鄭玄云：「動作視聽，皆由臣也。」〔註20〕「故以股肱喻臣也」，非《尚書》孔疏引鄭玄語，乃陳立語。正確的標點為：《書》疏引鄭《書》注云：「動作視聽，皆由臣也。」故以股肱喻臣也。
14	引文分割失當	京師	原文：諸侯入為公卿大夫，得食兩家榮不？曰：有能然後居其位，德加於人，然後食其祿，所以尊賢重有德也。今以盛德入輔佐，得兩食之。故《王制》曰：「天子之縣內諸侯祿也，外諸侯嗣也。」
			疏證：《詩》疏引鄭答趙商云：「諸侯入為卿大夫，與在朝仕者異，各依本國命數。<u>蓋如天子三公八命，其由公爵入為者，自九命也。</u>」（第163～164頁）
			按：《鄭志》答趙商云：「諸侯入為卿大夫，與在朝仕者異，各依本國如其命數。」〔註21〕「蓋如」至「命也」十九字，非《詩》疏引文，乃陳立語，中華本標點誤。正確的標點為：《詩》疏引鄭答趙商云：「諸侯入為卿大夫，與在朝仕者異，各依本國，如其命數。」蓋如天子三公八命，其由公爵入為者，自九命也。

〔註19〕 賈公彥《儀禮注疏》卷一六，阮元校刻《十三經注疏》本，頁1029上欄。
〔註20〕 孔穎達《尚書正義》卷五，阮元校刻《十三經注疏》本，頁142上欄。
〔註21〕 孔穎達《毛詩正義》卷四，阮元校刻《十三經注疏》本，頁333下欄。

15	破句與引文分割失當	五行	原文：「善善及子孫」何法？春生待夏復長也。 疏證：《鄉飲酒義》：「南方者夏，養之長之，假之仁也。春生夏長，物生於春，待長於夏也。」（第 194 頁） 按：考《禮記・鄉飲酒義》：「南方者夏，夏之爲言假也。養之、長之、假之，仁也。」〔註 22〕陳立節引此文以成疏證。「養之長之」，「養之」下當斷句，「假之仁也」，「假之」下當斷句，中華本點破句。又，「春生」至「夏也」十三字，非《禮記・鄉飲酒義》文，乃陳立語。正確的標點爲：《鄉飲酒義》：「南方者夏，養之、長之、假之，仁也。」春生夏長，物生於春，待長於夏也。
16	引文分割失當	五行	原文：不以父命廢王父命，何法？法金不畏土而畏火。 疏證：《御覽》引《帝命驗》云：「土者，金之父也。金生於土，土生於火，金懼火爍。」（第 197 頁） 按：《太平御覽・地部・土》引《尙書帝命驗》「土者，金之父也」〔註 23〕。則「金生」至「火爍」十二字，乃陳立語。正確的標點爲：《御覽》引《帝命驗》云：「土者，金之父也。」金生於土，土生於火，金懼火爍。
17	引文分割失當	誅伐	原文：諸侯之義，非天子之命，不得動衆起兵誅不義者，所以强幹弱枝，尊天子，卑諸侯也。 疏證：《公羊》疏引《文諡例》云「六輔者，京師輔君，諸夏輔京師。《春秋》爲尊王而作，故於擅自動衆起兵者，皆無大辭焉。」（第 213 頁） 按：考《公羊傳》徐彥疏引《文諡例》：「六輔者，公輔天子，卿輔公，大夫輔卿，士輔大夫，京師輔君，諸夏輔京師。」〔註 24〕陳立稱「六輔者」，卻只言「京師輔君，諸夏輔京師」，語義未備，應補。又，「春秋」至「辭焉」二十一字，非《公羊傳》疏引《文諡例》文，乃陳立語，應補足脫文。正確的標點爲：《公羊》疏引《文諡例》云「六輔者，公輔天子，卿輔公，大夫輔卿，士輔大夫，京師輔君，諸夏輔京師。」《春秋》爲尊王而作，故於擅自動衆起兵者，皆無大辭焉。

〔註 22〕孔穎達《禮記正義》卷六一，阮元校刻《十三經注疏》本，頁 1684 下欄。

〔註 23〕李昉等撰《太平御覽》卷三七，頁 175 上欄。

〔註 24〕徐彥《春秋公羊傳注疏》卷一，阮元校刻《十三經注疏》本，頁 2195 下欄。

18	引文分割失當	誅伐	原文：《春秋傳》曰：「臣弒君，臣不討賊，非臣也。」
			疏證：何氏云：「不書葬者，賊未討，<u>以慶父之死在閔公既葬後也。桓公爲外所弒，而亦書葬者，以賊在外，齊強魯弱，臣子力不能討，故《春秋》恕之。</u>」（第214～215頁）
			按：考《公羊傳・閔公二年》云：「不書葬者，賊未討。」〔註25〕「以慶」至「恕之」四十二字，非何休所云，乃陳立語。正確的標點爲：何氏云：「不書葬者，賊未討。」以慶父之死在閔公既葬後也。桓公爲外所弒，而亦書葬者，以賊在外，齊強魯弱，臣子力不能討，故《春秋》恕之。
19	破句與引文分割失當	誅伐	原文：父母以義見殺，子不復仇者，爲往來不止也。《春秋傳》曰：「父不受誅，子不復仇可也。」
			疏證：《曲禮》疏引《異義》云：「凡君非理殺臣，《公羊》說子可復仇，故子胥伐楚，《春秋》<u>善</u>之。《左氏》說，君命天也，是不可復仇。」鄭駮之云：「子思云：『今之君子，退人，若將隊諸淵，<u>毋</u>爲戎首，<u>不亦善乎！』子胥父兄之誅，隊淵不足喻伐楚。</u>」使吳首兵，合於子思之言。是此及鄭氏皆同《公羊》說也。（第221頁）
			按：「善」當爲「賢」。又，「毋」當爲「無」。又，「伐楚」當屬下讀，作<u>伐楚使吳首兵</u>，連同下「合於子思之言」，亦屬於《曲禮》疏引鄭玄《駮異義》文〔註26〕，中華本標點誤。正確的標點爲：鄭駮之云：「子思云：『今之君子退人，若將隊諸淵，毋爲戎首，不亦善乎？』子胥父兄之誅，隊淵不足喻，伐楚使吳首兵，合於子思之言。」
20	引文分割失當	誅伐	原文：諸侯家國，入人家，宜告主人，所以相尊敬，防并兼也。
			疏證：鄭氏《聘禮》注云：「諸侯以國爲家，不敢直徑也。<u>若天子出，則無假道之禮，天子以天下爲家也。</u>」（第224頁）
			按：考《儀禮・聘禮》鄭玄注：「諸侯以國爲家，不敢直徑也。」〔註27〕「若天」至「家也」十八

〔註25〕徐彥《春秋公羊傳注疏》卷九，阮元校刻《十三經注疏》本，頁2244下欄。
〔註26〕孔穎達《禮記正義》卷三，阮元校刻《十三經注疏》本，頁1250下欄。
〔註27〕賈公彥《儀禮注疏》卷一九，阮元校刻《十三經注疏》本，頁1048上欄。

			字，非《聘禮》注文，乃陳立語。正確的標點爲：鄭氏《聘禮》注云：「諸侯以國爲家，不敢直徑也。」若天子出，則無假道之禮，天子以天下爲家也。
21	引文分割失當	致仕	原文：人年七十，臥非人不溫，適四方，乘安車，與婦人俱，自稱曰老夫。
			疏證：又《曲禮》云……鄭注又云：「老夫，老人稱也。亦明君尊。」《春秋傳》曰：「老夫耄矣。」（第252頁）
			按：「尊」下，《禮記・曲禮》鄭玄注有「賢」字。又，「春秋」至「耄矣」八字，屬於《禮記・曲禮》鄭玄注引文〔註28〕，中華本標點誤。正確的標點爲：又《曲禮》云……鄭注又云：「老夫，老人稱也。亦明君尊賢。《春秋傳》曰：『老夫耄矣。』」
22	節引文而未斷	辟雍	原文：几杖所以扶助衰也。故《王制》曰：「五十杖於家，六十杖於鄉，七十杖於國，八十杖於朝。」
			疏證：《王制》疏云：「此謂大夫士年老而聽致事者也，若不聽致仕，則《祭義》云『七十杖於朝』。」是也。（第252～253頁）
			按：「年老」，當爲「老年」。又，陳氏引《王制》疏文爲節引〔註29〕，中華本標點誤。正確的標點爲：《王制》疏云「此謂大夫士老年而聽致事者也」，「若不聽致仕，則《祭義》云：『七十杖於朝。』」是也。
23	引文分割失當	辟雍	原文：半者，象璜也。獨南面禮儀之方有水耳。其餘壅之言垣，宮名之別尊卑也。明不得化四方也。
			疏證：《周禮・大宗伯》注云：「半璧曰璜。天子如璧，諸侯半之，故象璜也。」（第260頁）
			按：「天子」至「璜也」十二字，非《周禮・大宗伯》注文〔註30〕，中華本標點誤。正確的標點爲：《周禮・大宗伯》注云：「半璧曰璜。」天子如璧，諸侯半之，故象璜也。

〔註28〕孔穎達《禮記正義》卷一，阮元校刻《十三經注疏》本，頁1232中欄。
〔註29〕孔穎達《禮記正義》卷一三，阮元校刻《十三經注疏》本，頁1346中欄。
〔註30〕賈公彥《周禮注疏》卷一八，阮元校刻《十三經注疏》本，頁762下欄。

24	漏施標點	災變	原文：日食，大水則鼓用牲於社，大旱則雩祭求雨，非苟虛也。助陽責下求陰之道也。
			疏證：<u>《爾雅・釋天》舞號雩也。</u>（第 273～274 頁）
			按：「天」，當爲「訓」，「舞號雩也」，爲《爾雅・釋訓》文〔註31〕，中華本漏施標點。正確的標點爲：《爾雅・釋訓》：「舞、號，雩也。」
25	意引文而讀爲直引	攷黜	原文：既能進善，當能戒惡，故賜虎賁。虎賁所以戒不虞而距惡。
			疏證：故《左傳》僖二十八年<u>「策命晉侯，賜之虎賁三百人」</u>，是也。（第 305 頁）
			按：陳氏所引《左傳》文爲意引〔註32〕，中華本標點誤。正確的標點爲：故《左傳》僖二十八年，策命晉侯，賜之「虎賁三百人」，是也。
26	破句	攷黜	原文：孝道純備，故內和外榮，玉以象德，金以配情，芬香條鬯，以通神靈……君子有玉瓚秬鬯者，以配道德也。其至矣，合天下之極美，以通其志也，其唯玉瓚秬鬯乎？
			疏證：《禮・郊特牲》云：「周人尙臭，<u>灌用鬯，臭鬱合鬯，臭陰達於淵泉，灌以圭璋，用玉氣</u>也。」（第 306 頁）
			按：考《禮記・郊特牲》，「灌用鬯，臭鬱合鬯」，「臭」，當屬上讀，作「灌用鬯臭，鬱合鬯」〔註33〕。中華本標點誤。正確的標點爲：《禮・郊特牲》云：「周人尙臭，灌用鬯臭，鬱合鬯，臭陰達於淵泉，灌以圭璋，用玉氣也。」
27	節引 文而未斷	攷黜	原文：車者，謂有赤有青之蓋，朱輪，特能居前，左右寢米也。
			疏證：昭七年《左傳》：<u>「晉侯有疾，夢黃熊入於寢門」</u>。（第 306 頁）
			按：「晉侯有疾」，「有」字，衍。又，陳氏引《左傳》爲節引〔註34〕，正確的標點爲：昭七年《左傳》「晉侯疾」，「夢黃熊入於寢門」。

〔註31〕邢昺《爾雅注疏》卷四，阮元校刻《十三經注疏》本，頁 2591 中欄。
〔註32〕孔穎達《春秋左傳正義》卷一六，阮元校刻《十三經注疏》本，頁 1826 上欄。
〔註33〕孔穎達《禮記正義》卷二六，阮元校刻《十三經注疏》本，頁 1457 上欄。
〔註34〕孔穎達《春秋左傳正義》卷四四，阮元校刻《十三經注疏》本，頁 2049 中欄。

28	非節引文而讀爲節引	聖人	原文：何以知帝王聖人也？《易》曰：「古者伏羲氏之王天下也」，「於是始作八卦」。又曰：「伏羲氏沒，神農氏作」，「神農氏歿，黃帝堯舜氏作」。文俱言「作」，明皆聖人也。《論語》曰：「聖乎，堯舜其由病諸。」 疏證：《文選》注引《含文嘉》云：「<u>伏羲德洽上下</u>」，「<u>始畫八卦</u>」。（第 336 頁） 按：陳立引《文選》注引《含文嘉》文爲李善注，非節引〔註35〕，中華本標點誤，正確的標點應爲：《文選》注引《含文嘉》云：「伏羲德洽上下，始畫八卦。」
29	引文分割失當	瑞贄	原文：璜所以徵召何？璜者半璧，位在北方，北陰極而陽始起，故象半陰。陽氣始施，徵召萬物，故以徵召也……陽光所及，莫不動也。象君之威命所加，莫敢不從，陽之所施，無不節也。 疏證：《周禮・大宗伯》云：「以元璜禮北方。」是位在北方也。彼注云：「象多閉藏，地上無物，唯天半見，<u>十一月一陽始生之氣微未著，故第取以象半陰也</u>。」（第 352 頁） 按：「元」，當作「玄」，避諱字。「十一」至「陰也」二十字，非《周禮・大宗伯》文〔註36〕，乃陳立語，中華本標點誤。正確的標點爲：《周禮・大宗伯》云：「以玄璜禮北方。」是位在北方也。彼注云：「象多閉藏，地上無物，唯天半見。」十一月一陽始生之氣微未著，故第取以象半陰也。
30	引文分割失當	瑞贄	原文：珪所以還何？以爲珪信瑞也。 疏證：《禮・聘義》云：「已聘而還圭璋。」<u>此輕財而重禮之義也</u>。（第 354～355 頁） 按：「此輕財而重禮之義也」，屬於《禮記・聘義》文〔註37〕，中華本標點誤，正確的標點爲：《禮・聘義》云：「已聘而還圭璋，此輕財而重禮之義也。」

〔註35〕蕭統選編，呂延濟等注《文選》卷一，頁 32 上欄。

〔註36〕賈公彥《周禮注疏》卷一八，阮元校刻《十三經注疏》本，頁 762 下欄。

〔註37〕孔穎達《禮記正義》卷六三，阮元校刻《十三經注疏》本，頁 1693 中欄。

31	破句與節引文而未斷	瑞贄	原文：婦人之贄以棗栗腶脩者，婦人無專制之義，御衆之任，交接辭讓之禮，職在供養饋食之間。其義一也。
			疏證：《禮記·內則》：「<u>女子十年不出觀，於祭祀納酒漿、籩豆、菹醢。</u>」（第358～359頁）
			按：考《禮記·內則》，「女子十年不出觀」，「觀」當屬下讀，作「觀於祭祀」為句，此與上「女子十年不出」不接續〔註38〕，為陳立節引文，中華本標點誤。正確的標點為：《禮記·內則》「女子十年不出」，「觀於祭祀，納酒漿、籩豆、菹醢」。
32	節引文而未斷	三教	原文：忠形於悃忱故失野，敬形於祭祀故失鬼，文形於飾貌故失薄。
			疏證：《表記》：「<u>夏道尊命，事鬼敬神而遠之，近人而忠焉，其民之敝，惷而愚，喬而野，樸而不文。</u>殷人尊神，率民以事神，其民之敝，蕩而不靜，勝而無恥。周人尊禮尚施，事鬼敬神而遠之，近人而忠焉。其民之敝，利而巧，文而不慙，賊而蔽。」與此詳略互見。（第372頁）
			按：考《禮記·表記》，陳立引「夏道」、「殷人」、「周人」云云，為節引文〔註39〕，中華本標點誤。正確的標點為：「夏道尊命，事鬼敬神而遠之，近人而忠焉」，「其民之敝，惷而愚，喬而野，樸而不文。殷人尊神，率民以事神」，「其民之敝，蕩而不靜，勝而無恥。周人尊禮尚施，事鬼敬神而遠之，近人而忠焉」，「其民之敝，利而巧，文而不慙，賊而蔽」。與此詳略互見。
33	節引文而未斷	姓名	原文：人所以十月而生者何？人，天子之也。任天地之數五，故十月而備，乃成人也。
			疏證：《左》疏引鄭注：「<u>天地之氣各有五，二五陰陽各有合，然後氣相得施流行也。</u>」（第413頁）

〔註38〕孔穎達《禮記正義》卷二八，阮元校刻《十三經注疏》本，頁1471中欄。
〔註39〕孔穎達《禮記正義》卷五四，阮元校刻《十三經注疏》本，頁1641下欄-1642上欄。

			按：考《左傳・昭公九年》孔疏，「流」，當爲「化」。又，「天地之氣各有五」與下「二五」至「行也」，非一處引文〔註40〕，爲陳立節引文，中華本標點誤。正確的標點爲：《左》疏引鄭注「天地之氣各有五」，「二五陰陽各有合，然後氣相得施化行也」。
34	破句	日月	原文：月之爲言闕也。有滿有闕也。所以有闕何？歸功於日也。三日成魄，八日成光，二八十六日轉而歸功晦，至朔旦受符復行。故《援神契》曰：「月三日而成魄，三月而成時。」
			疏證：《御覽》引《推度災》云：「月三日成魄，八日成光，<u>蟾蜍體就穴，鼻時萌。</u>」（第424～425頁）
			按：「蜍」，當爲「蠩」。又，「穴」字，當屬下讀，作「穴鼻時萌」，是。《太平御覽・天部・月》引《詩・推度災》宋均注：「穴，決也。決鼻，兔也。」〔註41〕中華本標點誤，正確的標點應爲：《御覽》引《推度災》云：「月三日成魄，八日成光，蟾蜍體就，穴鼻時萌。」
35	引文分割失當	五刑	原文：刑所以五何？法五行也。大辟法水之滅火，宮者法土之壅水，臏者法金之刻木，剕者法木之穿土，墨者法火之勝金。
			疏證：《御覽》引《禮統》云：「<u>剕刑法木勝土，決其皮革也。臏刑法金勝木，去其節目也。臏即剕也。</u>」（第438頁）
			按：考《太平御覽・刑法部・剕》引《禮統》云：「剕刑，法木勝土，決其皮革也。」〔註42〕又，《太平御覽・刑法部・臏》引《禮統》云：「臏刑，法金勝木，去其節目也。」〔註43〕此二文，非出《太平御覽》同一篇目，當斷開，且「臏即剕也」，非《太平御覽》文，乃陳立語，中華本標點誤。正確的標點爲：《御覽》引《禮統》云「剕刑法木勝土，決其皮革也」，「臏刑法金勝木，去其節目也」，臏，即剕也。

〔註40〕孔穎達《春秋左傳正義》卷四五，阮元校刻《十三經注疏》本，頁2057中欄。
〔註41〕李昉等撰《太平御覽》卷四，頁21上欄。
〔註42〕李昉等撰《太平御覽》卷六四八，頁2898下欄。
〔註43〕李昉等撰《太平御覽》卷六四八，頁2898下欄。

36	引文分割失當	五經	原文：《樂》仁，《書》義，《禮》禮，《易》智，《詩》信也。人情有五性，懷五常不能自成，是以聖人象天五常之道而明之，以教人成其德也。
			疏證：《禮》疏引《六藝論》：「《易》者，陰陽之象，天地之所變化，政教之所生，<u>讀之則可知吉凶消長，進退存亡之道。</u>」（第447頁）
			按：「讀之」至「之道」十五字，非《禮記》孔疏引《六藝論》文〔註44〕，乃陳立語，中華本標點誤。正確的標點爲：《禮》疏引《六藝論》：「《易》者，陰陽之象，天地之所變化，政教之所生。」讀之則可知吉凶消長，進退存亡之道。
37	引文分割失當	嫁娶	原文：男不自專娶，女不自專嫁，必由父母，須媒妁何？遠恥防淫泆也。《詩》云：「娶妻如之何？必告父母。」又曰：「娶妻如之何？匪媒不得。」
			疏證：所引《詩》，《齊風・南山》文。傳「必告父母廟」，箋云：「議於生者，卜於死者。<u>則父母在時告於父母，父母沒則告於廟，無廟則於寢矣。</u>」（第452頁）
			按：「則父」至「寢矣」二十二字，非《齊風・南山》鄭玄箋文〔註45〕，乃陳立語，中華本標點誤。正確的標點爲：所引《詩》，《齊風・南山》文。傳「必告父母廟」，箋云：「議於生者，卜於死者。」則父母在時告於父母，父母沒則告於廟，無廟則於寢矣。
38	節引文而未斷	嫁娶	原文：七，歲之陽也。八，歲之陰也。七八十五，陰陽之數備，有相偶之志。故《禮記》曰：「女子十五許嫁，笄而字。」《禮》之稱字，陰繫於陽，所以專一之節也。陽尊，無所繫。
			疏證：《禮記・內則》云「婦事舅姑衿纓」，注：「婦人有纓，示繫屬也。」（第455頁）
			按：考《禮記・內則》，「婦事舅姑」與「衿纓」，非接續文〔註46〕，當點斷，中華本標點誤。正確的標點爲：《禮記・內則》云「婦事舅姑」，「衿纓」，注：「婦人有纓，示繫屬也。」

〔註44〕孔穎達《禮記正義》卷一，阮元校刻《十三經注疏》本，頁1229上欄。
〔註45〕孔穎達《毛詩正義》卷五，阮元校刻《十三經注疏》本，頁352下欄。
〔註46〕孔穎達《禮記正義》卷二七，阮元校刻《十三經注疏》本，頁1461中欄。

39	引文分割失當	嫁娶	原文：男子幼娶必冠，女子幼嫁必笄。《禮》曰：「女子許嫁，笄而字。」 疏證：故鄭注《昏禮》記云：「使主婦女賓執其禮，謂許嫁者也。」（第456～457頁） 按：「謂許嫁者也」，非《儀禮・士昏禮》鄭玄注文〔註47〕，乃陳立語，中華本標點誤。正確的標點爲：故鄭注《昏禮》記云：「使主婦女賓執其禮」，謂許嫁者也。
40	引文分割失當	嫁娶	原文：納徵玄纁束帛儷皮。玄三法天，纁二法地也。陽奇陰偶，明陽道之大也。儷皮者，兩皮也。以爲庭實，庭實偶也。《禮昏經》曰：「納采、問名、納吉、請期、親迎皆用雁，納徵用玄纁、束帛、儷皮。」 疏證：《公羊》莊二十二年注：「唯納徵用玄纁、束帛、儷皮。玄纁取其順天地也。儷皮者，鹿皮，所以重古也。士大夫以玄纁束帛，天子加以穀圭，諸侯加以大璋。」（第457～458頁） 按：「士大」至「大璋」二十字，非《公羊傳》何休注文〔註48〕，中華本標點誤。正確的標點爲：《公羊》莊二十二年注：「唯納徵用玄纁、束帛、儷皮。玄纁取其順天地也。儷皮者，鹿皮，所以重古也。」士大夫以玄纁束帛，天子加以穀圭，諸侯加以大璋。
41	引文分割失當	喪服	原文：弟子爲師服者，弟子有君臣父子朋友之道也。故生則尊敬而親之，死則哀痛之，恩深義重，故爲之隆服，入則絰，出則否也。 疏證：案《檀弓》又云「二三子皆絰而出」，鄭注：「尊師也。出謂有所之適。」然則凡弔服加麻者，出則變服。（第525～526頁） 按：「然則」至「變服」十二字，屬於《禮記・檀弓》鄭玄注文〔註49〕，中華本標點誤。正確的標點爲：案《檀弓》又云「二三子皆絰而出」，鄭注：「尊師也。出謂有所之適。然則凡弔服加麻者，出則變服。」

〔註47〕 賈公彥《儀禮注疏》卷六，阮元校刻《十三經注疏》本，頁970下欄。
〔註48〕 徐彥《春秋公羊傳注疏》卷八，阮元校刻《十三經注疏》本，頁2237上欄。
〔註49〕 孔穎達《禮記正義》卷七，阮元校刻《十三經注疏》本，頁1285上欄。

42	引文分割失當	喪服	原文：凶服不敢入公門者，明尊朝廷，吉凶不相干。故《周官》曰：「凶服不入公門。」《曲禮》曰：「居喪不言樂，祭事不言凶，公庭不言婦女。」《論語》曰：「子於是日哭，則不歌。」
			疏證：又《服問》云「唯公門<u>稅齊衰</u>」，注：「<u>不杖齊衰也。」於公門有免齊衰，則大功有免絰也。</u>」（第529頁）
			按：「稅」上，脫「有」字。又，「於公」至「絰也」十四字，屬於《禮記·服問》鄭玄注文〔註50〕，中華本標點誤。正確的標點爲：又《服問》云「唯公門有稅齊衰」，注：「不杖齊衰也，於公門有免齊衰，則大功有免絰也。」
43	破句與引文分割失當	喪服	原文：既除喪，乃歸哭於墓何？明死復不可見，痛傷之至也。謂喪不得追服者也。哭於墓而已。故《禮·奔喪》記曰：「之墓，西向哭止。」此謂遠出歸後葬，喪服以禮除。
			疏證：《奔喪》云「若除喪而後歸，則之墓哭，成踊，東，括髮袒絰拜賓成踊。」注：「東，東即主人位，如不及殯者也。<u>以墓北首，主人故西面哭也。</u>」（第531頁）
			按：「則之墓哭」，「則之墓」爲句，「哭」，屬下讀，作「哭成踊」，是。又，「以墓」至「哭也」十一字，非《禮記·奔喪》鄭玄注文〔註51〕，乃陳立語，中華本標點誤。正確的標點爲：《奔喪》云「若除喪而後歸，則之墓，哭成踊，東，括髮袒絰，拜賓成踊。」注：「東，東即主人位，如不及殯者也。」以墓北首，主人故西面哭也。
44	破句與節引文而未斷	崩薨	原文：諸侯薨，赴告鄰國何？緣鄰國欲有禮也。
			疏證：《雜記》記諸侯相弔之禮云：「含者執璧將命，曰『寡君使某含』。<u>又襚者曰『寡君使某襚。』上介賵執圭將命，曰『寡君使某賵』。</u>」（第540～541頁）
			按：考《禮記·雜記》，「又襚者曰」，「又」下當點斷，以承接下文。「上介賵執圭將命」，「賵」下

〔註50〕 孔穎達《禮記正義》卷五七，阮元校刻《十三經注疏》本，頁1659上欄。
〔註51〕 孔穎達《禮記正義》卷五六，阮元校刻《十三經注疏》本，頁1655上、中欄。

			當點斷。此爲陳立節引文〔註52〕，中華本標點誤。正確的」標點爲：《雜記》記諸侯相弔之禮云「含者執璧將命，日『寡君使某含』。」又「襚者日『寡君使某襚』。」「上介賵，執圭將命，日『寡君使某賵』。
45	引文分割失當	崩薨	原文：故《禮‧檀弓》日：「天子哭諸侯，爵弁純衣。」又日：「遣大夫弔，詞日：『皇天降災，子遭離之。嗚呼哀哉，天王使臣某弔。』」
			疏證：今《檀弓》作「爵弁経，紂衣」，注：「服士之祭服以哭之，明爲變也。天子至尊，不見尸柩不弔，服麻不加於采。此言『経』，衍字也。時人聞有弁経，因云之耳。」<u>《周禮》：「王弔諸侯，弁経總衰。」</u>（第542～543頁）
			按：「周禮」至「總衰」十字，屬於《禮記‧檀弓》鄭玄注引文〔註53〕，而非陳立單獨引《周禮》文，中華本標點誤。正確的標點爲：今《檀弓》作「爵弁経紂衣」，注：「服士之祭服以哭之，明爲變也。天子至尊，不見尸柩不弔，服麻不加於采。此言『経』，衍字也。時人聞有弁経，因云之耳。《周禮》：『王弔諸侯，弁経總衰。』」
46	引文分割失當	崩薨	原文：故《禮‧雜記》日：君弔臣，主人待於門外，見馬首不哭。（賓／君）至，主人先入，君升自阼階西向哭。主人居中庭，從哭。
			疏證：《禮記‧喪大記》云：「大夫士既殯，而君往焉，使人戒之。主人具殷奠之禮，俟於門外，見馬首，先入門右，巫止於門外，祝代之先君釋菜於門內。祝先升自阼階，負墉南面，君即位於阼。<u>若使人，則必以其爵。</u>」（第544頁）
			按：「若使人則必以其爵」，非《禮記‧喪大記》文〔註54〕，乃陳立語，以承接下文，中華本標點誤。正確的標點爲：《禮記‧喪大記》云：「大夫士既殯，而君往焉，使人戒之。主人具殷奠之禮，俟於門外，見馬首，先入門右，<u>巫止於門外，祝代之先君釋菜於門內。祝先升自阼階，負墉南面，君即位於阼。」若使人，則必以其爵。

〔註52〕孔穎達《禮記正義》卷四一，阮元校刻《十三經注疏》本，頁1557上、中、下欄。

〔註53〕孔穎達《禮記正義》卷八，阮元校刻《十三經注疏》本，頁1293下欄。

〔註54〕孔穎達《禮記正義》卷四五，阮元校刻《十三經注疏》本，頁1582上欄。

47	漏施標點	闕文	原文：禘祫及遷廟何？以其世世繼君之體，持其統而不絕，由親及遠，不忘先祖。
			疏證：《公羊》文二年傳：「大祫者何？毀廟之主皆陳於大祖，未毀廟之主皆升合食於大祖。」注：「禘所以異於祫者，功臣皆祭也。然則禘、祫皆及遷廟，但祫則並祀於太祖，禘則先公之主祀於后稷廟，昭之遷主祭於武廟，穆之遷主祭於文廟，爲異耳。（第573～574頁）
			按：考《公羊傳·文公二年》，「大祫者何」下，有「合祭也其合祭奈何」八字，蓋陳立有意節略。「毀廟之主皆陳於大祖」之「皆」字，衍文，「主」下，當點斷。又，「未毀廟之主皆升合食於大祖」，當於「主」下、「升」下點斷。又，「禘所」至「祭也」，爲何休注文〔註55〕，「然則」至「異耳」四十六字，乃陳立語，中華本漏施標點，於何修注文未點斷。正確的標點爲：《公羊》文二年傳「大祫者何」？「毀廟之主，陳於大祖，未毀廟之主，皆升，合食於大祖」。注：「禘所以異於祫者，功臣皆祭也。」然則禘、祫皆及遷廟，但祫則並祀於太祖，禘則先公之主祀於后稷廟，昭之遷主祭於武廟，穆之遷主祭於文廟，爲異耳。
48	意引文而讀爲直引	闕文	原文：《禮·王制》曰：「春薦韭，夏薦麥，秋薦黍，冬薦稻。韭以卵，麥以魚，黍以豚，稻以雁。」
			疏證：鄭注《王制》，以「有田之大夫祭以首時，薦以仲月」。（第575頁）
			按：考《禮記·王制》「有田則祭，無田則薦」，鄭玄注：「有田者既祭又薦新，祭以首時，薦以仲月。」〔註56〕陳立意引此文，中華本標點誤。正確的標點爲：鄭注《王制》，以有田之大夫「祭以首時，薦以仲月」。
49	引文分割失當	闕文	原文：《論語》云：「哀公問主於宰我，宰我對曰：『夏后氏以松，松者，所以自竦動。殷人以柏，柏者，所以自迫促。周人以栗，栗者，所以自戰慄。』」亦不相襲。
			疏證：《左傳》文二年正義云：「案古《論語》及孔、鄭皆以爲社主，社爲木主者，古《論》不行

〔註55〕徐彥《春秋公羊傳注疏》卷一三，阮元校刻《十三經注疏》本，頁2267上、中欄。
〔註56〕孔穎達《禮記正義》卷一二，阮元校刻《十三經注疏》本，頁1337上欄。

			於世，且社主，《周禮》謂之田主，無單稱主者，以張、包、周等並爲廟主，故杜所依用。<u>張、包、周並習《魯論》，是所用者《魯論》也。</u>」（第576頁）
			按：「張包」至「論也」十四字，非《左傳・文公二年》孔穎達正義文〔註57〕，乃陳立語，中華本標點誤。正確的標點爲：《左傳》文二年正義云：「案古《論語》及孔、鄭皆以爲社主，社爲木主者，古《論》不行於世，且社主，《周禮》謂之田主，無單稱主者，以張、包、周等並爲廟主，故杜所依用。」張、包、周並習《魯論》，是所用者《魯論》也。
50	引文分割失當	闕文	原文：朝禮奈何？君出居內門之外，天子揖諸侯持揖，卿大夫膝下至地，天子特揖三公，面揖卿，略揖大夫士。所以不拜何？爲其屈尊也。
			疏證：《曲禮》疏引李巡云：「正門內兩塾間日宁。」<u>謂天子受朝於路門外之朝，於門外而宁立</u>，是君出居內門之外也。（第585頁）
			按：「謂天」至「宁立」十七字，屬於《禮記・曲禮下》疏引李巡文〔註58〕，而非陳立語，中華本標點誤。正確的標點爲：《曲禮》疏引李巡云：「正門內兩塾間日宁，謂天子受朝於路門外之朝，於門外而宁立。」是君出居內門之外也。

〔註57〕孔穎達《春秋左傳正義》卷一八，阮元校刻《十三經注疏》本，頁1838上欄。
〔註58〕孔穎達《禮記正義》卷五，阮元校刻《十三經注疏》本，頁1265下欄。

後　記

　　我於 2008 年考入浙江大學古籍研究所攻讀中國古典文獻學碩士學位，師從賈海生教授學習先秦兩漢文學文獻。賈老師是我的啓蒙老師，指導我讀原典，最後選定《白虎通疏證》爲研究方向。我於 2010 年完成碩士學位論文《中華書局本〈白虎通疏證〉補校》，在學術道路上更加篤定。賈老師爲人正直，治學嚴謹，言傳身教中，我懂得了讀書人該有的素養。

　　翌年，我考入浙江大學古籍研究所攻讀中國古典文獻學博士學位，師從崔富章教授研究先秦兩漢文學文獻。崔老師根據我的研究基礎爲我指明了研究方向，即《〈白虎通疏證〉研究》。在論文寫作過程中，我總想提升到「思想」的高度，與崔老師交流後，他及時予以指導，讓我注重「文獻學」角度的研究。崔老師教給我閱讀古書的方法，即「給古書加標點」，讓我受益匪淺，發現了很多問題。論文的框架，即「上編論、下編點校、附錄」的格局也是崔老師指導我梳理的。最後，論文順利完稿，崔老師又幫我修改了數遍。在三年的讀書生活中，崔老師常常給我們改善生活，一起動手包餃子，言語間，告訴我們讀書與做人的道理。「謙謙君子，溫潤如玉」，崔老師是儒雅的又是智慧的，崔老師的指導使我在學術道路上前進了一大步。

　　我於 2014 年 6 月浙江大學博士畢業，同年 7 月回到母校曲阜師範大學文學院任教至今，科研方面一直致力於《白虎通疏證》的相關研究。爲了更好地深入研究，我於 2016 年 7 月進入山東大學儒學高等研究院從事博士後研究工作，合作導師杜澤遜教授。杜老師亦根據我已有的研究基礎，爲我指明了博士後在站期間的研究方向，即《〈白虎通疏證〉斠補》。幸運的是，我又申請到第 61 批博士後面上資助《白虎通疏證》整理與研究》。這幾年，我既要

完成曲阜師範大學文學院的教學工作，又要完成山東大學儒學高等研究院博士後研究工作，還好總能排除各種干擾，努力深入《白虎通疏證》的相關研究，遇到疑難問題在與杜老師的交流中總能迎刃而解，一些研究成果也吸收到了該書稿的修訂之中。杜老師爲人謙遜，爲學認眞，待人接物有「海納百川」之修爲。

在我生命裏遇見三位好老師，深感幸福！感謝三位好老師！

我的成長凝聚著老師的智慧。恩師之教誨鐫刻在我生命裏，恩師爲人爲學之品格「彌高」「彌堅」，我雖不能至，然心嚮往之！

邵紅艷

2019 年 4 月 9 日